CARTEA DE BUCATE CINCO DE MAYO

De la Tacos la Tres Leches , Descoperă adevărata esență a Cinco de Mayo cu 100 de rețete delicioase

Emilia Stăruială

Material cu drepturi de autor ©2024

Toate drepturile rezervate

Nicio parte a acestei cărți nu poate fi folosită sau transmisă sub nicio formă sau prin orice mijloc fără acordul scris corespunzător al editorului și al proprietarului drepturilor de autor, cu excepția citatelor scurte utilizate într-o recenzie . Această carte nu trebuie considerată un substitut pentru sfaturi medicale, juridice sau alte sfaturi profesionale.

CUPRINS

- CUPRINS 3
- INTRODUCERE 6
- TACOS 7
  - 1. Tacos cu pui la gătirea lentă 8
  - 2. cu citrice și ierburi 10
  - 3. Tacos Tinga cu cartofi dulci și morcovi 12
  - 4. Tacos cu cartofi și chorizo 14
  - 5. Summer Calabacitas Tacos 16
  - 6. Tacos cremos de pui și avocado 18
  - 7. Tacos cu carne de porc la grătar și salsa cu papaya 20
  - 8. Tacos cu carne de porc mărunțită 22
  - 9. Tacos cu pui de porumb cu măsline 24
  - 10. Chicken Chili Verde Tacos 26
  - 11. Tacos cu porumb carbonizat de pui Cheddar 28
  - 12. cu creveți la grătar și fasole neagră 30
  - 13. Tacos înnegriți de pește Cabo 32
  - 14. Tacos picante cu creveți 34
  - 15. Tacos cu tilapia 36
  - 16. Tacos De Pui Cu Orez Și Sherry 38
  - 17. Taco cu pui la grătar și ardei roșu 40
- CARNE DE VID, SI MIEL 42
  - 18. Tacos cu carne de vită 43
  - 19. Carne de vită , ciuperci sălbatice și Poblano Tacos 45
  - 20. Tacos cu carne de vită și fasole cu conținut scăzut de grăsimi 47
  - 21. Tacos cu cheddar de vită 49
  - 22. Tacos cu carne de vită la grătar 51
  - 23. Tacos De Barbacoa 53
- ENCHILADAS 55
  - 24. Enchiladas cu creveți și brânză 56
  - 25. De Pui Si Branza Cu Verde 58
  - 26. Enchiladas vegetariene cu fasole neagră și brânză 60
  - 27. Enchilada de vită de bază 62
  - 28. Enchiladas cu carne de vită și fasole 64
  - 29. Enchilada picante din carne de vită 66
  - 30. Enchilada cu amestec de fasole 68
  - 31. Enchilada Lasagna cu fasole neagră 70
  - 32. Enchilada de pui cu brânză 73
  - 33. Enchilada cremoasă de pui cu Sos Poblano 75
  - 34. Enchilada de pui cu sos verde 78
  - 35. Enchiladas cremoase de pui cu sos de tomate 80
  - 36. Nachos Enchilada de pui 83

37. Enchiladas cu fasole neagră și porumb 85

PESTE SI FRUCTE DE MARE 87
38. Enchiladas cu creveți 88
39. Enchilada de crab 90
40. Enchilada cu fructe de mare 92
41. Enchiladas cu somon 94
42. Enchiladas de vita cu sos de casa 96
43. Enchiladas de vita cu sos verde 98
44. Enchiladas cu carne de vită la fierbere lentă 100

GUACAMOLE 102
45. Guacamole cu usturoi 103
46. Guacamole cu brânză de capră 105
47. Hummus Guacamole 107
48. Kimchi Guacamole 109
49. Spirulina Guacamole Dip 111
50. Guacamole cu nucă de cocos și lămâie 113
51. Nori Guacamole 115
52. Guacamole cu fructul pasiunii 117
53. Moringa Guacamole 119
54. Mojito Guacamole 121
55. Mimoza Guacamole 123
56. Guacamole de floarea soarelui 125
57. Guacamole din fructele dragonului 127

TAMALES 129
58. Cinco De Mayo Margarita Tamales 130
59. Tamale de porc noi mexicane 132
60. Tamale de porc roșu-Chile 135
61. Tamale cu carne tocata 139
62. Tamale de porc mărunțite 142
63. Time-Warp Tamales 145
64. Tamales Cu Pui Si Salsa Verde 148
65. Tamale de pui cu sos de ardei gras si busuioc 151
66. Tamales de porumb condimentat chilian 154
67. Succotash Tamales 156
68. Tamale de fasole dulci 158
69. Tamale Dulci De Orez Negru Cu Ha Gow 161
70. Caserolă de tamale de porumb verde 165
71. Tamale de varză 167
72. Chilahuates (Tamales învelite în frunze de banană) 169
73. Tamale de creveți și porumb 172
74. Tamale de homar și avocado 174
75. Tamale de crab și ardei roșu prăjit 176
76. Tamale de somon și mărar 178

CHURROS 180
77. Churros prajiti de baza 181
78. Churros de bază la cuptor 183
79. Churros cu scorțișoară 186
80. Churros cu cinci condimente 188
81. Churros picant din porumb 190
82. Churros de ciocolată 194
83. Churros umplut cu caramel 196
84. Dulce De Leche Churros 198

TARTĂ CU FRUCTE 200
85. Flan de ciocolată 201
86. Flan de Caramel Baileys Vanilla 203
87. Flan de horchata picant 205
88. Flan de ienibahar 208

TRES LECHES CAKE 210
89. Prajitura Tres Leches cu fructe ale pasiunii 211
90. Tort Guava Tres Leches 214
91. Baileys Tres Tort Leches 217
92. Tres rusesc alb Leches 220
93. Peach Bourbon Tres Leches 223
94. Tort Margarita Tres Leches 226
95. Dovleac Spice Tres Tort Leches 229
96. Scorțișoară Tres Tort Leches 232

PLURI DE DESERT 235
97. Tabla de desert Cinco De Mayo Fiesta 236
98. Tabla de desert churro 238
99. Tabla de desert Tres Leches 240
100. Salata de fructe mexicana pentru desert 242

CONCLUZIE 244

INTRODUCERE

Vă prezentăm „Cartea de bucate Cinco de Mayo", pașaportul dvs. în lumea vibrantă și delicioasă a sărbătorilor Cinco de Mayo. În această călătorie culinară, vă invităm să explorați adevărata esență a acestei sărbători festive cu o colecție organizată de 100 de rețete delicioase, care se întind de la tacos la tres. leches și tot ce se află între ele. Cinco de Mayo este mai mult decât o zi de comemorare; este o sărbătoare a culturii mexicane, a istoriei și, desigur, a bucătăriei incredibile.

În paginile acestei cărți de bucate, veți descoperi o comoară de rețete care surprind spiritul și aromele Cinco de Mayo. De la mâncăruri clasice precum tacos, enchiladas și guacamole până la deserturi festive precum churros, flan și, desigur, tres tort leches , fiecare rețetă este creată pentru a evoca culorile vibrante și aromele îndrăznețe ale bucătăriei mexicane. Indiferent dacă găzduiți o fiesta cu prietenii sau pur și simplu doriți să vă răsfățați cu familia cu o masă delicioasă, aceste rețete vă vor încânta cu siguranță papilele gustative și vă vor transporta în inima Mexicului. Ceea ce diferențiază „Cartea de bucate Cinco de Mayo" este angajamentul său față de autenticitate și excelență culinară. Fiecare rețetă a fost selectată și testată cu atenție pentru a se asigura că surprinde adevărata esență a Cinco de Mayo, onorând tradițiile culinare bogate din Mexic, oferind, în același timp, o întorsătură modernă pentru bucătarii casei de astăzi . Cu instrucțiuni ușor de urmat, sfaturi utile și fotografii uimitoare, această carte de bucate este ghidul tău de bază pentru a crea sărbători de neuitat Cinco de Mayo.

În timp ce pornim împreună în această aventură culinară, îmi mulțumesc cele mai calde pentru că mi-ai fost alături în a sărbători aromele vibrante și bogata moștenire culturală din Cinco de Mayo. Fie ca bucătăria să fie plină de aromele tacosului sfârâitor, a salsa picante și a deserturilor decadente și fie ca fiecare mușcătură să vă aducă mai aproape de spiritul acestei sărbători pline de bucurie. Așadar, apucă-ți șorțul, ascuți-ți cuțitele și pregătește-te să pornești într-o călătorie delicioasă prin aromele Mexicului. Viva Cinco de Mayo!

TACOS

1.Tacos cu pui la gătirea lentă

INGREDIENTE:
- 2 kilograme de piept de pui sau pulpe
- 8 bucăți tortilla organice sau obișnuite
- 1 cană salsa organică sau de casă
- ½ cană apă
- 2 lingurite chimen macinat
- 2 lingurite pudra de chili
- 1 lingurita praf de usturoi
- 1 lingurita coriandru macinat
- ¼ linguriță de piper cayenne (mai mult pentru mai multă căldură)
- ½ linguriță sare de mare
- ¼ lingurita piper negru
- Toppinguri: legume proaspete tocate la alegere, coriandru proaspăt, măsline, avocado, salsa proaspătă, felie de lime etc.

INSTRUCȚIUNI:

a) Puneți bucățile de pui în aragazul lent împreună cu apă, chimen măcinat, praf de chili, praf de usturoi, coriandru măcinat, piper cayenne, sare și piper. Se amestecă pentru a acoperi puiul.

b) Gatiti 4-5 ore la maxim.

c) Scoateți puiul și mărunțiți. Reveniți la aragazul lent și gătiți încă 30 de minute.

d) Serviți puiul în împachetări cu tortilla și adăugați salsa și toppingurile la alegere.

2.cu citrice și ierburi

INGREDIENTE:
TACOS
- 6 Pulpe de pui, cu piele
- 3 piept de pui, cu piele
- 2 Lime, coaja și suc
- 2 Lămâi, coajă și suc
- 1 cană amestec de ierburi proaspete
- ¼ cană de vermut sau vin alb sec
- ¼ cană ulei de măsline
- 1 lingurita Chimen, prajit
- 1 lingurita Coriandru, prajit
- 1 lingurita de usturoi, tocat

IDEI DE GARNITURA:
- Cilantro cules Lime felii Bețișoare de chibrit cu ridichi
- Salată verde tăiată juliană (spanac, aisberg, unt sau varză)
- Pico de Gallo
- Branza data prin razatoare
- Smântână
- Ardei iute murati

A ASAMBLA
- 12 tortilla de faina

INSTRUCȚIUNI:
TACOS
a) Combinați toate ingredientele și lăsați puiul la marinat timp de cel puțin 4 ore.
b) Puiul la grătar, cu pielea în jos mai întâi, pe grătar.
c) Când este suficient de rece pentru a se descurca, toacă grosier.

PENTRU A ASSAMBLE TACOS
a) Luați două tortilla și puneți aproximativ ¼ de pui în fiecare și acoperiți cu garniturile dorite.
b) Serviți salata de fasole neagră și orez alături de tacos.

3.Tacos Tinga cu cartofi dulci și morcovi

INGREDIENTE:

- ¼ cană apă
- 1 cană ceapă albă tăiată subțire
- 3 catei de usturoi, tocati
- 2 ½ cani de cartofi dulci rasi
- 1 cană morcov ras
- 1 conserve (14 uncii) roșii tăiate cubulețe
- 1 lingurita de oregano mexican
- 2 ardei chipotle in adobo
- ½ cană bulion de legume
- 1 avocado, feliat
- 8 tortilla

INSTRUCȚIUNI:

a) Într-o tigaie mare la foc mediu, adăugați apă și ceapa și gătiți timp de 3 -4 minute, până când ceapa este translucidă și moale. Adăugați usturoiul și continuați să gătiți, amestecând timp de 1 minut.

b) Adăugați cartofi dulci și morcovi în tigaie și gătiți timp de 5 minute, amestecând des.

SOS:

c) Puneți roșiile tăiate cubulețe, supa de legume, oregano și ardeii chipotle în blender și procesați până la omogenizare.

d) Adăugați sos de roșii chipotle în tigaie și gătiți timp de 10-12 minute, amestecând din când în când, până când cartofii dulci și morcovii sunt fierți . Dacă este necesar, adăugați mai mult supă de legume în tigaie.

e) Serviți pe tortilla calde și acoperiți cu felii de avocado.

4.Tacos cu cartofi și chorizo

INGREDIENTE:
- 1 lingura ulei vegetal, optional
- 1 cană ceapă, albă, tocată
- 3 căni de cartofi, decojiți, tăiați cubulețe
- 1 cană chorizo vegan, fiert
- 12 tortilla
- 1 cană de salsa ta preferată

INSTRUCȚIUNI:
a) Încinge 1 lingură de ulei într-o tigaie mare la foc mediu-mic. Adăugați ceapa și gătiți până când devine moale și translucide, aproximativ 10 minute.
b) În timp ce se gătește ceapa, puneți cartofii tăiați într-o cratiță mică cu apă cu sare. Aduceți apa la fiert la foc mare. Reduceți focul la mediu și lăsați cartofii să se fiarbă 5 minute.
c) Scurgeți cartofii și adăugați-i în tigaia cu ceapa. Dați căldura la mediu-mare. Gatiti cartofii si ceapa timp de 5 minute sau pana cand cartofii incep sa se rumeneasca. Adăugați mai mult ulei dacă este necesar.
d) Adăugați chorizo gătit în tigaie și amestecați bine. Gatiti inca un minut .
e) Asezonați cu sare și piper.
f) Serviți cu tortilla calde și salsa la alegere.

5. Summer Calabacitas Tacos

INGREDIENTE:
- ½ cană bulion de legume
- 1 cană ceapă, albă, tăiată mărunt
- 3 catei de usturoi, tocati
- ¼ cană bulion de legume sau apă
- 2 dovlecei, mari, tăiați cubulețe
- 2 căni de roșii, tăiate cubulețe
- 10 tortilla
- 1 avocado, feliat
- 1 cană de salsa favorită

INSTRUCȚIUNI:

a) Într-o oală mare cu fundul greu, setați la foc mediu; transpirați ceapa în ¼ de cană de bulion de legume timp de 2 până la 3 minute până când ceapa devine translucidă.

b) Adăugați usturoiul și turnați restul de ¼ de cană de bulion de legume, acoperiți și lăsați să se aburească.

c) Descoperiți, adăugați dovlecelul și gătiți timp de 3-4 minute până când începe să se înmoaie.

d) Adăugați roșia și gătiți încă 5 minute, sau pana când toate legumele sunt fragede.

e) Asezonati după gust și serviți pe tortilla calde cu felii de avocado și salsa.

6.Tacos cremos de pui și avocado

INGREDIENTE:
- 1 uncie de avocado copt
- 2 linguri iaurt natural cu conținut scăzut de grăsimi
- 1 lingurita suc de lamaie
- Sare si piper
- Câteva frunze de salată verde, mărunțite
- 1 eșapa sau 3 cepe de primăvară, tăiate și feliate.
- 1 roșie tăiată felii
- Un sfert de ardei, tocat marunt
- 2 scoici de taco
- 2 uncii de pui fript, feliat

INSTRUCȚIUNI:

a) Într-un castron mic, pasează avocado cu o furculiță până se omogenizează. Adăugați iaurtul și sucul de lămâie și amestecați până se omogenizează. Asezonați cu sare și piper.

b) Amestecați salata verde, eșalota sau ceapa primăvară, roșiile și ardeiul verde sau roșu.

c) Încălziți cojile de taco sub un grătar moderat timp de 2 până la 3 minute.

d) Scoateți-le și umpleți-le cu amestecul de salată. Acoperiți cu puiul și puneți cu lingură peste dressingul de avocado. Serviți imediat.

7. Tacos cu carne de porc la grătar și salsa cu papaya

INGREDIENTE:

- 1 Papaya; decojite, fără semințe, tăiate în cuburi de ½ inch
- 1 chili roșu mic; însămânțate și tocate fin
- ½ cană ceapă roșie; tocat
- ½ cană ardei gras roșu; tocat
- ½ cană frunze de mentă proaspătă; tocat
- 2 linguri suc de lime
- ¼ de kilograme de friptură de muschie de porc fără os; tăiate în fâșii
- ½ cană papaya proaspătă; tocat
- ½ cană ananas proaspăt; tocat
- 10 tortilla de făină, încălzite
- 1½ cană brânză Monterey Jack; mărunțit (6 oz)
- 2 linguri de margarina sau unt; topit

INSTRUCȚIUNI:

a) Gatiti carnea de porc intr-o tigaie de 10 inchi la foc mediu timp de aproximativ 10 minute, amestecand din cand in cand, pana cand nu mai devine roz; scurgere.

b) Se amestecă papaya și ananasul. Se încălzește, amestecând din când în când, până se încinge. Încinge cuptorul la 425F.

c) Pune aproximativ ¼ de cană din amestecul de porc pe jumătate din fiecare tortilla; acoperiți cu aproximativ 2 linguri de brânză.

d) Îndoiți umplutura excesivă de tortilla. Aranjați cinci tortilla umplute într-o tavă de rulouri de jeleu neunsă, de 15 ½ x 10 ½ x 1 inch; ungeti cu margarina topita.

e) Coaceți descoperit timp de aproximativ 10 minute sau până când devine maro deschis. Repetați cu restul de tacos. Serviți cu salsa de papaya.

8.Tacos cu carne de porc mărunțită

INGREDIENTE:
- ½ kg friptură de porc
- 12 tacos moi de casă
- 1 cană ceapă feliată
- ½ ceasca rosii tocate si 1 avocado
- 1 conserve de roșii și 2-3 ardei iute jalapeno
- ½ cană sos de smântână
- 1 chili ancho și 1 cană de apă
- 1 cană salată verde mărunțită
- ½ lingurita sare si piper
- 1 cană brânză cheddar mărunțită

INSTRUCȚIUNI:
a) Luați o cratiță mare și adăugați carnea de porc tocată, legumele, apa și condimentele, gătind timp de 20 de minute, amestecând ocazional. Scoateți legumele și carnea de pui din lichidul de gătit și tăiați-le în bucăți mici.
b) Asamblați tortilla de casă cu salată verde, carne de porc, legume, sos de smântână, brânză mărunțită, roșii tăiate cubulețe și avocado.

9.Tacos cu pui de porumb cu măsline

INGREDIENTE:
- ⅔ cană Plus 2 linguri. piept de pui fiert; mărunțită
- 1 pachet amestec de condimente pentru taco
- 3 uncii de porumb conservat în stil mexican; drenat
- 4 coji de taco sau tortilla de făină
- ⅓ cană Plus 1 lingură. salată verde; mărunțită
- ½ roșie medie; tocat
- 1 lingură plus 2 lingurițe măsline coapte feliate
- 1 uncie brânză cheddar mărunțită

INSTRUCȚIUNI:
a) Combinați puiul și amestecul de condimente pentru taco într-o tigaie la foc mediu-mare.
b) Adăugați cantitatea de apă îndreptată pe ambalaj pentru o umplutură de taco. Se aduce la fierbere. Reduceți căldura la mediu.
c) Se fierbe timp de 5-10 minute, amestecând din când în când, sau până când apa se evaporă. Amestecați porumbul și gătiți până se încălzește bine.
d) Între timp, încălziți cojile de taco sau tortilla conform instrucțiunilor de pe ambalaj. Umpleți fiecare coajă cu ¼ de cană de umplutură de pui.
e) Acoperiți fiecare cu salată verde, roșii, măsline și brânză.

10. Chicken Chili Verde Tacos

INGREDIENTE:
- 3 căni de varză măruntită
- 1 cană coriandru proaspăt - ușor ambalat
- 1 cană salsa de chili verde
- 1 kilogram de piept de pui dezosat și fără piele
- 1 lingurita ulei de salata
- 1 Piept de pui dezosat și fără piele -- tăiat pe lungime
- 3 catei de usturoi -- tocati
- 1 lingurita chimen macinat
- ½ linguriță oregano uscat
- 8 tortilla de făină
- Cu grăsimi reduse sau obișnuit

INSTRUCȚIUNI:

a) Combinați varza, coriandru și salsa într-un vas de servire; pus deoparte.

b) Tăiați puiul în cruce în fâșii lățime de ½ inch. Într-o tigaie antiaderentă de 10 până la 12 inchi la foc mediu-mare, amestecați uleiul, ceapa și usturoiul timp de 2 minute. Creșteți căldura la mare, adăugați puiul și amestecați des până când carnea nu mai este roz în centru, 4 până la 6 minute.

c) Adăugați chimen și oregano; se amestecă timp de 15 secunde. Se pune într-un vas de servire. 3.

d) Înfășurați tortilla într-un prosop de pânză și gătiți în cuptorul cu microunde la putere maximă până se încing, aproximativ 1½ minut. La masă, turnați amestecurile de varză și pui în tortilla.

11.Tacos cu porumb carbonizat de pui Cheddar

INGREDIENTE:
- ⅔ cană Plus 2 linguri. piept de pui fiert; mărunțită
- 1 pachet amestec de condimente pentru taco
- 3 uncii de porumb carbonizat
- 4 coji de taco sau tortilla de făină
- ⅓ cană Plus 1 lingură. salată verde; mărunțită
- ½ roșie medie; tocat
- 1 lingură plus 2 lingurițe măsline coapte feliate
- Smântână
- 1 uncie brânză cheddar mărunțită

INSTRUCȚIUNI:
a) Combinați puiul și amestecul de condimente pentru taco într-o tigaie la foc mediu-mare.
b) Adăugați cantitatea de apă îndreptată pe ambalaj pentru o umplutură de taco. Se aduce la fierbere.
c) Reduceți căldura la mediu. Se fierbe timp de 5-10 minute, amestecând din când în când, sau până când apa se evaporă.
d) Amestecați porumbul și gătiți până se încălzește bine.
e) Între timp, încălziți cojile de taco sau tortilla conform instrucțiunilor de pe ambalaj. Umpleți fiecare coajă cu ¼ de cană de umplutură de pui.
f) Acoperiți fiecare cu salată verde, roșii, măsline și brânză.
g) Deasupra se stropesc smantana.

12.cu creveți la grătar și fasole neagră

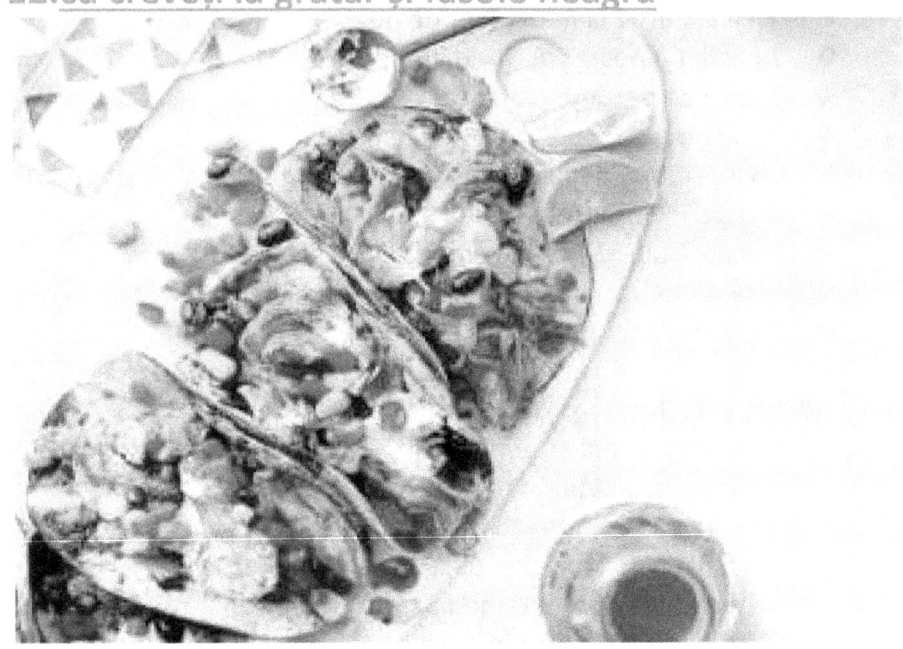

INGREDIENTE:
- 1 kilogram de creveți decojiți
- 12 tortilla de porumb
- 2 linguri praf de chili
- 1 ½ lingurita suc de lamaie stors
- 1 cană fasole neagră
- Pico de Gallo
- ½ lingurita ulei de masline virgin
- ¼ lingurita sare
- 6 frigarui

INSTRUCȚIUNI:
a) Preîncălziți grătarul, apoi pregătiți sosul, încălzind fasolea neagră, sucul de lămâie, pudra de chili și sare într-o tigaie medie.
b) se formează o pastă netedă , pregătiți frigăruile de creveți. Trebuie să fie prăjiți aproximativ 1-2 minute pe ambele părți, apoi periați fiecare creveți și să-i grătarți încă 2 minute.
c) Construiți-vă tortilla, adăugând creveții, sosul și condimentele.

13. Tacos înnegriți de pește Cabo

INGREDIENTE:
- 1½ kilograme de pește alb și 8 uncii de marinată de pește
- 12 tortilla de porumb
- ¾ de kilograme de salată asiatică
- 9 linguri smantana de lime
- 4 uncii de unt
- 7 linguri aioli chipotle
- 7 linguri Pico de Gallo
- 2 linguri de condimente piper negru
- Chipotle Aioli
- ¾ cană maioneză
- 1 lingurita suc de lamaie
- 1 lingura mustar
- Sare Kosher și piper negru măcinat
- 2 ardei chipotle

INSTRUCȚIUNI:
a) Într-o cratiță medie, începeți să topiți untul nesarat, adăugați peștele alb marinat, presărați puțin piper negru și prăjiți-le timp de 2 minute pe ambele părți.
b) Se încălzește fiecare tortilla pe ambele părți și se adaugă puiul prăjit, sosul aioli chipotle, câteva Pico de Gallo, niște slaw asiatic și câteva condimente.

14. Tacos picante cu creveți

INGREDIENTE:
- 4 tortilla cu conținut scăzut de carbohidrați
- 4 linguri de sos salsa de mango
- 16 creveți mari
- 1 lingură coriandru proaspăt tocat
- 1 cană salată romă
- ½ cană brânză cheddar
- 4 lingurite sos chili
- ½ cană ceapă sotă
- Suc de 1 lime

INSTRUCȚIUNI:

a) Începeți cu creveții prin marinarea și înghesuiala în sosul siracha timp de 5 minute.

b) Porniți grătarul și gătiți ceapa câteva minute, până este bine fiartă.

c) Așezați fiecare tortilla și acoperiți cu smântână, creveți, salată verde, brânză mărunțită, ceapă la grătar și alte condimente.

15. Tacos cu tilapia

INGREDIENTE:
- 1 kg file de pește Tilapia
- 2 tortilla de porumb alb
- ½ avocado feliat
- ¼ lingurita ulei de masline
- 1 roșie
- 1 ceapă albă
- 1 suc de lime
- 1 mână de coriandru

INSTRUCȚIUNI:

a) Într-un cuptor încălzit, începeți să prăjiți tortilla și fileul de pește tilapia pe ambele părți, dar asezonați peștele cu puțin ulei de măsline, sare și piper. Într-un castron mediu, amestecați roșia, sucul de lămâie , ceapa și condimentele.

b) Peste fiecare tortilla se pune un strat frumos de peste maruntit, se adauga amestecul din castron si avocado feliat, apoi se aseaza pestele ramas deasupra.

16.Tacos De Pui Cu Orez și Sherry

INGREDIENTE:
- 2 kilograme de părți de pui
- ¼ cană făină
- 2 lingurite Sare
- ¼ lingurita Piper
- 1 cană ceapă, tocată
- ¼ cană unt
- 2 linguri sos Worcestershire
- ¼ linguriță de usturoi pudră
- 1 cană sos chili
- 1½ cană supă de pui
- 3 căni de orez fierbinte, fiert
- ½ cană de Sherry uscat

INSTRUCȚIUNI:
a) Rulați puiul în făină combinată, sare și piper.
b) Maro în margarină.
c) Împingeți puiul într-o parte.
d) Adăugați ceapa și căleți până când este transparent.
e) Se amestecă ingredientele rămase, cu excepția orezului. Aduceți la fierbere, acoperiți și reduceți focul, apoi fierbeți timp de 35 de minute.
f) Serviți puiul și sosul peste un pat de orez pufos.

17.Taco cu pui la grătar și ardei roșu

INGREDIENTE:
- 1½ kilograme pui dezosat, fără piele b
- 2 ardei gras roșii prăjiți
- 2 tulpini de țelină, spălate și tăiate felii
- 1 ceapa rosie med, curatata si tocata
- ½ cană fasole neagră gătită
- ¼ cană frunze de coriandru tocate
- ¼ cană oțet balsamic
- ¼ cană de ulei
- ¼ cană suc de portocale
- ¼ cană suc de lămâie
- 2 catei de usturoi, curatati si mi
- 1 linguriță de semințe de coriandru măcinate
- ½ lingurita Piper
- ½ lingurita Sare
- ¼ cană smântână sau iaurt degresat
- 6 (8 inchi) tortilla de făină

INSTRUCȚIUNI:

a) Aprindeți un grătar sau preîncălziți un broiler. Toarnă pieptul de pui până la o grosime uniformă și se prăjește sau se prăjește pe ambele părți până când este fiert, dar nu se usucă, aproximativ 4 minute pe o parte. Este logic să grătarați ardeii în același timp. Tăiați și lăsați deoparte.

b) Combinați ardeiul gras, țelina, ceapa, fasolea neagră și coriandru într-un castron. Combinați oțetul, uleiul, sucul de portocale, sucul de lămâie, usturoiul, coriandru și piperul. Se amestecă cu sare și smântână sau iaurt într-un borcan cu capac etanș. Agitați bine și turnați dressingul peste legume.

c) Marinați legumele timp de 1 oră la temperatura camerei. Puneți o tigaie mare la foc mediu și prăjiți tortillas timp de 30 de secunde pe o parte pentru a se înmoaie. Pentru a servi, împărțiți puiul între tortilla, așezându-l în centrul tortillei.

d) Împărțiți legumele și dressingul lor deasupra puiului și rulați tortilla într-un cilindru.

e) Serviți imediat; vasul trebuie să fie la temperatura camerei.

CARNE DE VID, SI MIEL

18.Tacos cu carne de vită

INGREDIENTE:
- ½ kilogram de carne de vită macră
- 8 tortilla de grau integral
- 1 pachet de condimente pentru taco
- Salată romană măruntită și 2 roșii mari
- ¾ cană apă
- 2 căni de brânză cheddar măruntită

INSTRUCȚIUNI:
a) Într-o tigaie medie, adăugați puțină apă, carne de vită și condimente pentru taco, apoi aduceți totul la fiert.
b) Încălziți tacos pe ambele părți conform instrucțiunilor de pe ambalaj, apoi acoperiți cu carne, legume și sos.

19.Carne de vită , ciuperci sălbatice și Poblano Tacos

INGREDIENTE:
- 1 lingura ulei de masline
- 12 tortilla de porumb
- 1 kilogram friptură de vită
- 12 linguri de sos salsa și ½ linguriță de coriandru
- ½ lingurita sare si piper negru
- 2 cani de ceapa cruda si 1 cana de usturoi tocat
- ¾ cană brânză mexicană
- 1 ardei Poblano
- 2 căni de ciuperci sălbatice

INSTRUCȚIUNI:

a) Începeți să rumeniți friptura de vită într-o tigaie medie unsă cu ulei, împreună cu condimente de sare și piper. După ce ați gătit 5 minute pe ambele părți, scoateți fripturile și lăsați-le deoparte.

b) Adăugați ingredientele rămase în tigaie și prăjiți-le timp de 5 minute.

c) Serviți tortillas calde acoperite cu amestecul de ciuperci, carne de friptură feliată, sos salsa și brânză mexicană mărunțită.

20. Tacos cu carne de vită și fasole cu conținut scăzut de grăsimi

INGREDIENTE:

- 1 kg carne de vită tocată
- boabe de fasole prăjite
- 8 coji de taco și condimente pentru taco
- 1 ceapa dulce
- sos salsa
- brânză cheddar mărunțită
- 1 avocado feliat
- smântână

INSTRUCȚIUNI:

a) Începeți să gătiți carnea de vită într-o tigaie unsă cu ulei și adăugați fasolea și condimentele.

b) Puneți tacos pe o farfurie și adăugați amestecul de carne, sosul salsa, smântâna, avocado feliat și brânză cheddar mărunțită.

21.Tacos cu cheddar de vită

INGREDIENTE:
- 1 ½ kilograme de carne de vită macră
- 8 tortilla de porumb întreg
- 1 pachet de condimente pentru taco
- 1 borcan sos salsa
- 2 căni de brânză cheddar rasă

INSTRUCȚIUNI:
a) Într-o tigaie unsă cu ulei se rumenește încet carnea de vită, se adaugă sosul salsa și se amestecă bine, apoi se scurge carnea.
b) Încălziți fiecare tortilla și adăugați amestecul de carne, condimentele, adăugați puțin sos salsa și brânză cheddar.

22.Tacos cu carne de vită la grătar

INGREDIENTE:
- 1 kg carne de vită macră (sau curcan)
- ½ cană de brânză mărunțită mexicană
- 1 ceapă feliată și ardei roșu
- 8 tortilla de grau integral
- ½ cană sos grătar
- 1 roșie tăiată cubulețe

INSTRUCȚIUNI:
a) Începeți să gătiți carnea de vită, ceapa și ardeii într-o tigaie unsă cu ulei până când sunt bine făcute , amestecând din când în când.
b) Adăugați sosul și gătiți totul timp de 2 minute.
c) Turnați amestecul de carne peste fiecare tortilla și acoperiți cu brânză și roșii înainte de servire.

23.Tacos De Barbacoa

INGREDIENTE:
- 4 kilograme de carne de vită
- ¼ cană oțet de cidru
- 20 tortilla de porumb
- 3 linguri suc de lamaie
- ¾ cană supă de pui
- 3-5 ardei chipotle la conserva
- 2 linguri ulei vegetal și 3 foi de dafin
- 4 catei de usturoi si chimen
- 3 lingurițe de oregano mexican
- 1 ½ linguriță sare și piper negru măcinat
- ½ linguriță cuișoare măcinate
- ceapă, coriandru și felii de lime (tocate)

INSTRUCȚIUNI:

a) Amestecați într-un bol mediu sucul de lămâie , cățeii de usturoi, oțetul de cidru și alte condimente, până devin netede ca o pastă.

b) Luați carnea și gătiți-o într-o tigaie unsă cu ulei timp de 5 minute, pe ambele părți. Adăugați amestecul din bol peste carne și continuați să amestecați bine.

c) După încă 10 minute, cât timp ingredientele fierbeau, adăugați amestecul în cuptorul preîncălzit. Gatiti aproximativ 4-5 ore.

d) Serviți tortilla de porumb cu amestecul pentru cuptor, ceapă, coriandru, felii de lime și alte condimente.

ENCHILADAS

24.Enchiladas cu creveți și brânză

INGREDIENTE:
- 12 tortilla de porumb
- 2 căni de brânză Monterey Jack mărunțită
- 1 kilogram de creveți medii, decojiți și devenați
- ¼ cană ceapă tocată
- 2 catei de usturoi, tocati
- 2 linguri ulei vegetal
- 1 cutie (10 uncii) sos enchilada verde
- Sare si piper dupa gust

INSTRUCȚIUNI:
a) Preîncălziți cuptorul la 375°F. Într-o tigaie mare, încălziți uleiul la foc mediu.
b) Adăugați ceapa și usturoiul și gătiți până când ceapa este moale, timp de aproximativ 5 minute. Adaugati crevetii si gatiti pana devin roz, aproximativ 3-4 minute.
c) Se ia de pe foc.
d) Se încălzește tortilla în cuptorul cu microunde timp de 30 de secunde. Umpleți fiecare tortilla cu o mână de brânză și o lingură din amestecul de creveți.
e) Rulați strâns și puneți cu cusătura în jos într-o tavă unsă cu unsoare.
f) Peste enchilada se toarnă sos verde de enchilada. Se presară cu brânză rămasă.
g) Acoperiți cu folie și coaceți timp de 20 de minute. Îndepărtați folia și coaceți încă 10-15 minute până când brânza este topită și clocotește.

25.De Pui Si Branza Cu Verde

INGREDIENTE:
- 12 tortilla de porumb
- 2 căni de brânză Monterey Jack mărunțită
- 2 căni de pui fiert și mărunțit
- 1 cutie (10 uncii) sos enchilada verde
- ½ cană smântână
- ¼ cană coriandru tocat
- Sare si piper dupa gust

INSTRUCȚIUNI:
a) Preîncălziți cuptorul la 375°F.
b) Într-un castron mediu, amestecați puiul mărunțit, coriandru, smântână, sare și piper.
c) Se încălzește tortilla în cuptorul cu microunde timp de 30 de secunde.
d) Umpleți fiecare tortilla cu o mână de brânză și o lingură din amestecul de pui. Rulați strâns și puneți cu cusătura în jos într-o tavă unsă cu unsoare.
e) Peste enchilada se toarnă sos verde de enchilada.
f) Se presară cu brânză rămasă. Acoperiți cu folie și coaceți timp de 20 de minute.
g) Îndepărtați folia și coaceți încă 10-15 minute până când brânza este topită și clocotește.

26.Enchiladas vegetariene cu fasole neagră și brânză

INGREDIENTE:
- 12 tortilla de porumb
- 2 căni de brânză Monterey Jack mărunțită
- 1 conserve (15 uncii) de fasole neagră, clătită și scursă
- ½ cană de porumb congelat, decongelat
- ¼ cană ceapă tocată
- 1 conserve (10 uncii) de sos roșu de enchilada
- Sare si piper dupa gust

INSTRUCȚIUNI:
a) Preîncălziți cuptorul la 375°F.
b) Într-un castron mediu, amestecați fasolea neagră, porumbul, ceapa, sare și piper.
c) Se încălzește tortilla în cuptorul cu microunde timp de 30 de secunde. Umpleți fiecare tortilla cu o mână de brânză și o lingură din amestecul de fasole neagră.
d) Rulați strâns și puneți cu cusătura în jos într-o tavă de copt unsă.
e) Peste enchilada se toarnă sos roșu de enchilada.
f) Se presară cu brânză rămasă. Acoperiți cu folie și coaceți timp de 20 de minute.
g) Îndepărtați folia și coaceți încă 10-15 minute până când brânza este topită și clocotește.

27.Enchilada de vită de bază

INGREDIENTE:
- 1 kg carne de vită tocată
- 12 tortilla de porumb
- 1 cutie de sos enchilada
- 1 ceapa taiata cubulete
- 2 catei de usturoi
- 1 lingurita de chimen
- Sare si piper dupa gust

INSTRUCȚIUNI:

a) Preîncălziți cuptorul la 375°F. Într-o tigaie, gătiți carnea de vită cu ceapă, usturoi, chimen, sare și piper până se rumenește.
b) Într-o cratiță, încălziți sosul de enchilada la foc mediu.
c) Înmuiați tortilla în sos și puneți-le într-o tavă de copt de 9 x 13 inci.
d) Umpleți fiecare tortilla cu amestecul de carne de vită și rulați-o.
e) Turnați sosul rămas peste enchiladas și coaceți timp de 25-30 de minute.

28.Enchiladas cu carne de vită și fasole

INGREDIENTE:
- 1 kg carne de vită tocată
- 1 conserva de fasole neagra, scursa si clatita
- 1 ceapa taiata cubulete
- 2 catei de usturoi
- 1 cutie de sos roșu de enchilada
- 12 tortilla de porumb
- Sare si piper dupa gust

INSTRUCȚIUNI:
a) Preîncălziți cuptorul la 375°F.
b) Într-o tigaie, gătiți carnea de vită cu ceapă, usturoi, sare și piper până se rumenește.
c) Adăugați fasolea neagră și amestecați bine. Într-o cratiță, încălziți sosul de enchilada la foc mediu.
d) Înmuiați tortilla în sos și puneți-le într-o tavă de copt de 9 x 13 inci.
e) Umpleți fiecare tortilla cu amestecul de carne de vită și fasole și rulați-o.
f) Turnați sosul rămas peste enchiladas și coaceți timp de 25-30 de minute.

29.Enchilada picante din carne de vită

INGREDIENTE:
- 12 tortilla de faina
- 2 căni de brânză pepper jack măruntită
- 1 kg carne de vită tocată
- 1 cutie (10 uncii) sos enchilada
- 1 conserve (4 uncii) de ardei iute verde tăiat cubulețe, scurs
- 1 lingură pudră de chili
- ½ lingurita de chimion
- Sare si piper dupa gust

INSTRUCȚIUNI:
a) Preîncălziți cuptorul la 375°F.
b) Într-o tigaie mare, gătiți carnea de vită la foc mediu până când carnea de vită este rumenită și gătită . Scurgeți orice exces de grăsime.
c) Adaugati pudra de chili, chimen, sare si piper dupa gust. Se amestecă cubulețe de ardei iute verzi. Se încălzește tortilla în cuptorul cu microunde timp de 30 de secunde.
d) Umpleți fiecare tortilla cu o mână de brânză și o lingură din amestecul de carne de vită.
e) Rulați strâns și puneți cu cusătura în jos într-o tavă unsă cu unsoare. Se toarnă sosul de enchilada peste vârful enchiladas.
f) Se presară cu brânză rămasă. Acoperiți cu folie și coaceți timp de 20 de minute.
g) Îndepărtați folia și coaceți încă 10-15 minute până când brânza este topită și clocotește.

30. Enchilada cu amestec de fasole

INGREDIENTE:
- 10 tortilla de porumb
- 1 conserve (15 uncii) de fasole neagră, scursă și clătită
- 1 conserve (15 uncii) de fasole, scursă și clătită
- 1 conserve (15 uncii) de fasole pinto, scursă și clătită
- 1 conserve (4 uncii) de ardei iute verzi tăiați cubulețe
- ½ cană ceapă tocată
- ½ cană de ardei gras verde tocat
- 2 catei de usturoi, tocati
- 1 lingurita chimen macinat
- 1 lingurita pudra de chili
- 2 cani de sos enchilada
- 1 cană brânză cheddar mărunțită
- ¼ cană coriandru proaspăt tocat

INSTRUCȚIUNI:
a) Preîncălziți cuptorul la 375°F.
b) Într-un castron mare, amestecați fasolea neagră, fasolea, fasolea pinto, ardeiul iute verde, ceapa, ardeiul gras, usturoiul, chimenul și pudra de chili.
c) Încălziți tortilla în cuptorul cu microunde sau pe o grătar până când sunt moi și flexibile.
d) Puneti o lingura din amestecul de fasole pe fiecare tortilla si rulati bine.
e) Așezați tortillale rulate cu cusătura în jos într-o tavă de copt de 9 x 13 inci.
f) Turnați sosul de enchilada peste vârful enchiladas.
g) Presărați brânza mărunțită peste vârful enchiladas.
h) Coaceți timp de 20-25 de minute, sau până când enchiladas sunt aurii și brânza este topită.
i) Presărați coriandru tocat deasupra enchiladas înainte de servire.

31.Enchilada Lasagna cu fasole neagră

INGREDIENTE:
- 12 tortilla de porumb
- 2 cani de sos enchilada
- 1 cană fasole neagră fiartă
- 1 cană boabe de porumb
- 1 cană ardei gras tăiați cubulețe
- 1 cana ceapa taiata cubulete
- 3 catei de usturoi, tocati
- 1 lingura ulei de masline
- 1 lingurita chimen macinat
- 1 lingurita pudra de chili
- Sare si piper dupa gust
- 1 cană brânză vegană mărunțită (cheddar sau amestec mexican)
- Coriandru proaspăt, tocat (pentru garnitură)

INSTRUCȚIUNI:
a) Preîncălziți cuptorul la 375°F (190°C).
b) Într-o tigaie mare, încălziți uleiul de măsline la foc mediu. Adăugați ceapa și usturoiul și căleți până se înmoaie.
c) Adăugați ardeii gras tăiați cubulețe, boabele de porumb, fasole neagră fiartă, chimen măcinat, praf de chili, sare și piper. Gatiti cateva minute pana cand legumele sunt fragede si bine acoperite cu condimente.
d) Întindeți un strat subțire de sos enchilada pe fundul unui vas de copt.
e) Aranjați un strat de tortilla de porumb deasupra sosului, acoperind întreg fundul vasului.
f) Întindeți jumătate din amestecul de legume și fasole peste tortilla.
g) Stropiți legumele cu niște sos enchilada și stropiți cu brânză vegană mărunțită.
h) Repetați straturile cu un alt strat de tortilla, restul de legume și amestec de fasole, sos de enchilada și brânză vegană mărunțită.
i) Terminați cu un ultim strat de tortilla, acoperit cu sos enchilada și brânză mărunțită vegană.
j) Acoperiți tava de copt cu folie și coaceți timp de 20 de minute.
k) Scoateți folia și coaceți încă 10 minute până când brânza este topită și clocotește.
l) Se ornează cu coriandru proaspăt înainte de servire.

32.Enchilada de pui cu brânză

INGREDIENTE:
- 2 lbs. piept de pui dezosat, fara piele
- 2 căni de brânză cheddar mărunțită
- 1 conserve (4 uncii) de ardei iute verzi tăiați cubulețe
- ½ cană salsa
- 10-12 tortilla de faina
- Sare si piper, dupa gust

INSTRUCȚIUNI:
a) Preîncălziți cuptorul la 375°F.
b) Asezonați puiul cu sare și piper, apoi gătiți într-o tigaie mare la foc mediu-înalt până se rumenește și este fiert.
c) Tocați puiul și lăsați-l deoparte.
d) Într-un castron mare, amestecați brânza mărunțită, ardei iute verde tăiat cubulețe și salsa.
e) Într-un castron separat, amestecați puiul mărunțit.
f) Încălziți tortilla în cuptorul cu microunde sau pe o grătar până când sunt moi și flexibile.
g) Pune o lingură generoasă de amestec de pui pe fiecare tortilla și înfășurează-le strâns.
h) Așezați tortillale rulate cu cusătura în jos într-o tavă de copt de 9 x 13 inci.
i) Turnați amestecul de brânză peste vârful enchiladas.
j) Coaceți în cuptorul preîncălzit timp de 20-25 de minute, sau până când brânza este topită și clocotită.

33.Enchilada cremoasă de pui cu Sos Poblano

INGREDIENTE:
- 2 lbs. piept de pui dezosat, fara piele
- ½ cană smântână groasă
- ¼ cană smântână
- 1 conserve (4 uncii) de ardei iute verzi tăiați cubulețe
- 2 căni de brânză Monterey Jack mărunțită
- 10-12 tortilla de porumb
- Sare si piper, dupa gust
- Poblano :
- 2 ardei poblano mari
- ½ ceapă, tocată
- 2 catei de usturoi, tocati
- ½ cană supă de pui
- ½ cană smântână groasă
- Sare si piper, dupa gust

INSTRUCȚIUNI:
a) Preîncălziți cuptorul la 375°F.
b) Asezonați puiul cu sare și piper, apoi gătiți într-o tigaie mare la foc mediu-înalt până se rumenește și este fiert.
c) Tocați puiul și lăsați-l deoparte.
d) Într-un castron mare, amestecați smântâna groasă, smântâna, ardei iute verde tăiat cubulețe și 1 cană de brânză Monterey jack mărunțită.
e) Într-un castron separat, amestecați puiul mărunțit.
f) Încălziți tortilla în cuptorul cu microunde sau pe o grătar până când sunt moi și flexibile.
g) Pune o lingură generoasă de amestec de pui pe fiecare tortilla și înfășurează-le strâns.
h) Așezați tortillale rulate cu cusătura în jos într-o tavă de copt de 9 x 13 inci.
i) Se toarnă amestecul de sos cremos deasupra enchiladas și se stropește cu restul de brânză mărunțită.
j) Coaceți în cuptorul preîncălzit timp de 20-25 de minute, sau până când brânza este topită și clocotită.
k) Pentru sosul Poblano :

l) Prăjiți ardeii poblano la flacără deschisă sau sub broiler până când pielea este carbonizată și se formează vezicule.
m) Se ia de pe foc și se pune într-o pungă de plastic timp de 10-15 minute la abur.
n) Scoateți pielea, tulpina și semințele de pe ardei și tăiați carnea.
o) Într-o cratiță mare, căliți ceapa și usturoiul până se înmoaie.
p) poblanos tocate , bulionul de pui și smântâna groasă în cratiță și fierbeți timp de 10-15 minute.
q) Se condimenteaza cu sare si piper dupa gust.
r) Turnați sosul peste enchiladas înainte de servire.

34. Enchilada de pui cu sos verde

INGREDIENTE:
- 2 lbs. piept de pui dezosat, fara piele
- 2 căni de brânză Monterey Jack mărunțită
- 1 conserve (4 uncii) de ardei iute verzi tăiați cubulețe
- 1 borcan (16 uncii) salsa verde
- 10-12 tortilla de porumb
- Sare si piper, dupa gust

INSTRUCȚIUNI:
a) Preîncălziți cuptorul la 375°F.
b) Asezonati puiul cu sare și piper, apoi gătiți într-o tigaie mare la foc mediu-înalt până se rumenește și este fiert.
c) Tocați puiul și lăsați-l deoparte.
d) Într-un castron mare, amestecați brânza mărunțită, ardei iute verde tăiat cubulețe și ½ cană de salsa verde .
e) Într-un castron separat, amestecați puiul mărunțit.
f) Încălziți tortilla în cuptorul cu microunde sau pe o grătar până când sunt moi și flexibile.
g) Pune o lingură generoasă de amestec de pui pe fiecare tortilla și înfășurează-le strâns.
h) Așezați tortillale rulate cu cusătura în jos într-o tavă de copt de 9 x 13 inci.
i) verde rămasă peste vârful enchiladas.
j) Coaceți în cuptorul preîncălzit timp de 20-25 de minute, sau pană când brânza este topită și clocotită.

35. Enchiladas cremoase de pui cu sos de tomate

INGREDIENTE:
- 2 lbs. piept de pui dezosat, fara piele
- ½ cană smântână groasă
- ¼ cană smântână
- 1 conserve (4 uncii) de ardei iute verzi tăiați cubulețe
- 2 căni de brânză Monterey Jack mărunțită
- 10-12 tortilla de porumb
- Sare si piper, dupa gust
- Sos rosii:
- 8 tomate, decorticate și clătite
- ½ ceapă, tocată
- 2 catei de usturoi, tocati
- ½ cană supă de pui
- ½ cană smântână groasă
- Sare si piper, dupa gust

INSTRUCȚIUNI:
a) Preîncălziți cuptorul la 375°F.
b) Asezonați puiul cu sare și piper, apoi gătiți într-o tigaie mare la foc mediu-înalt până se rumenește și este fiert.
c) Tocați puiul și lăsați-l deoparte.
d) Într-un castron mare, amestecați smântâna groasă, smântâna, ardei iute verde tăiat cubulețe și 1 cană de brânză Monterey jack mărunțită.
e) Într-un castron separat, amestecați puiul mărunțit.
f) Încălziți tortilla în cuptorul cu microunde sau pe o grătar până când sunt moi și flexibile.
g) Pune o lingură generoasă de amestec de pui pe fiecare tortilla și înfășurează-le strâns.
h) Așezați tortillale rulate cu cusătura în jos într-o tavă de copt de 9 x 13 inci.
i) Se toarnă amestecul de sos cremos deasupra enchiladas și se stropește cu restul de brânză mărunțită.
j) Coaceți în cuptorul preîncălzit timp de 20-25 de minute, sau până când brânza este topită și clocotită.
k) Pentru sosul Tomatillo:

l) Preîncălziți broilerul.
m) Așezați tomatele pe o foaie de copt și puneți-le la grătar timp de 5-7 minute, sau până când pielea este carbonizată și se formează vezicule.
n) Se ia de pe foc si se lasa sa se raceasca.
o) Într-un blender sau într-un robot de bucătărie, pasați roșiile, ceapa, usturoiul, bulionul de pui și smântâna groasă până la omogenizare.
p) Se condimenteaza cu sare si piper dupa gust.
q) Turnați sosul peste enchiladas înainte de servire.

36.Nachos Enchilada de pui

INGREDIENTE:
- 2 căni de pui gătit mărunțit
- 1 conserve (10 uncii) de sos roșu de enchilada
- 1 plic chipsuri tortilla
- 1 cană brânză cheddar mărunțită
- ¼ cană ceapă roșie tăiată cubulețe
- ¼ cană coriandru proaspăt tocat
- Smântână pentru servire

INSTRUCȚIUNI:
a) Preîncălziți cuptorul la 375°F.
b) Într-un castron, amestecați puiul mărunțit gătit cu sosul roșu de enchilada.
c) Pe o foaie de copt, întindeți chipsurile tortilla într-un singur strat.
d) Presărați brânză cheddar mărunțită peste chipsuri, apoi acoperiți cu amestecul de pui și sos enchilada.
e) Coaceți timp de 10-15 minute, sau până când brânza este topită și clocotită.
f) Acoperiți cu ceapă roșie tăiată cubulețe și coriandru proaspăt tocat. Se serveste cu smantana.

37.Enchiladas cu fasole neagră și porumb

INGREDIENTE:
- 1 ceapa, tocata
- 2 catei de usturoi, tocati
- 1 conserve (15 uncii) de fasole neagră, scursă și clătită
- 1 conserve (15 uncii) de porumb, scurs
- 1 lingurita chimen macinat
- Sare si piper, dupa gust
- 8-10 tortilla de porumb
- 1 ½ cană de brânză cheddar mărunțită
- 1 cutie (15 uncii) sos enchilada

INSTRUCȚIUNI:
a) Preîncălziți cuptorul la 350°F.
b) Într-o tigaie mare, căliți ceapa și usturoiul tocate până se parfumează, aproximativ 2-3 minute.
c) Adăugați fasolea neagră, porumbul, chimenul, sare și piper în tigaie și amestecați până se omogenizează bine.
d) Încălziți tortillale de porumb în cuptorul cu microunde sau pe o grătar până când sunt moi și flexibile.
e) Turnați o cantitate mică de sos enchilada în fundul unui vas de copt de 9 x 13 inci.
f) Pune o lingură generoasă de amestec de fasole neagră și porumb pe fiecare tortilla și înfășurează-le bine.
g) Așezați tortillale rulate cu cusătura în jos în tava de copt.
h) Turnați sosul de enchilada ramas peste deasupra enchiladas.
i) Presărați brânză cheddar mărunțită peste vârful enchiladas.
j) Coaceți în cuptorul preîncălzit timp de 20-25 de minute, sau până când brânza este topită și clocotită.
k) Se ornează cu coriandru proaspăt și se servește fierbinte.

PESTE SI FRUCTE DE MARE

38.Enchiladas cu creveți

INGREDIENTE:
- 1 kilogram de creveți fierți și tocați
- 12 tortilla de porumb
- 1 cutie de sos roșu de enchilada
- 1 ceapa taiata cubulete
- 2 catei de usturoi
- 1 lingurita de chimen
- Sare si piper dupa gust

INSTRUCȚIUNI:
a) Preîncălziți cuptorul la 375°F.
b) Într-o cratiță, încălziți sosul de enchilada, ceapa, usturoiul, chimenul, sare și piper la foc mediu.
c) Înmuiați tortilla în sos și puneți-le într-o tavă de copt de 9 x 13 inci.
d) Umpleți fiecare tortilla cu creveți și rulați-o.
e) Turnați sosul rămas peste enchiladas și coaceți timp de 25-30 de minute.

39.Enchilada de crab

INGREDIENTE:
- 1 kilogram de carne de crab, cules pentru scoici
- 2 căni de brânză Monterey Jack mărunțită
- 1 conserve (4 uncii) de ardei iute verzi tăiați cubulețe
- 1 borcan (16 uncii) salsa
- 10-12 tortilla de porumb
- Sare si piper, dupa gust

INSTRUCȚIUNI:
a) Preîncălziți cuptorul la 375°F.
b) Într-un castron mare, amestecați carnea de crab, brânza mărunțită, ardei iute verde tăiat cubulețe și ½ cană de salsa.
c) Încălziți tortilla în cuptorul cu microunde sau pe o grătar până când sunt moi și flexibile.
d) Puneți o lingură generoasă de amestec de carne de crab pe fiecare tortilla și rulați strâns.
e) Așezați tortillale rulate cu cusătura în jos într-o tavă de copt de 9 x 13 inci.
f) Turnați salsa rămasă peste vârful enchiladas.
g) Coaceți în cuptorul preîncălzit timp de 20-25 de minute, sau până când brânza este topită și clocotită.

40.Enchilada cu fructe de mare

INGREDIENTE:
- 1 kg de creveți fierți, curățați și devenați
- 1 kilogram de carne de crab fiartă, mărunțită
- 1 conserve (4 uncii) de ardei iute verzi tăiați cubulețe
- ½ cană ceapă tocată
- 2 catei de usturoi, tocati
- 1 lingurita chimen macinat
- 1 lingurita pudra de chili
- 1 lingurita oregano uscat
- 1 cutie (10 uncii) sos enchilada
- 10-12 tortilla de porumb
- 1 cană de brânză Monterey Jack mărunțită
- ¼ cană coriandru proaspăt tocat
- Sare si piper, dupa gust
- Garnituri optionale: avocado taiat cubulete, jalapenos felii, smantana, felii de lime

INSTRUCȚIUNI:
a) Preîncălziți cuptorul la 375°F.
b) Într-un castron mare, amestecați creveții fierți, carnea de crab fiartă, ardei iute verde tăiat cubulețe, ceapa tocată, usturoi tocat, chimen, praf de chili și oregano. Se condimenteaza cu sare si piper dupa gust.
c) Încălziți tortilla în cuptorul cu microunde sau pe o grătar până când sunt moi și flexibile.
d) Întindeți o cantitate mică de sos enchilada în fundul unui vas de copt de 9 x 13 inci.
e) Pune o lingură generoasă de amestec de fructe de mare pe fiecare tortilla și înfășurează-le strâns.
f) Așezați tortillale rulate cu cusătura în jos în tava de copt.
g) Turnați sosul de enchilada rămas peste deasupra enchiladas.
h) Presărați brânza mărunțită peste vârful enchiladas.
i) Coaceți în cuptorul preîncălzit timp de 20-25 de minute, sau până când brânza este topită și clocotită.
j) Presărați coriandru tocat peste vârful enchiladas.
k) Serviți fierbinte cu toppinguri opționale, dacă doriți.

41.Enchiladas cu somon

INGREDIENTE:
- 1 kilogram de somon fiert, fulgi
- 1 conserve (4 uncii) de ardei iute verzi tăiați cubulețe
- ½ cana ceapa rosie tocata
- 2 catei de usturoi, tocati
- 1 lingurita chimen macinat
- 1 lingurita pudra de chili
- Sare si piper, dupa gust
- 10-12 tortilla de porumb
- 1 cutie (10 uncii) sos enchilada
- 1 cană de brânză Monterey Jack mărunțită
- Coriandru proaspăt, tocat

INSTRUCȚIUNI:
a) Preîncălziți cuptorul la 375°F.
b) Într-un castron mare, amestecați fulgi de somon, ardei iute verde tăiat cubulețe , ceapa roșie tocată, usturoi tocat, chimen, praf de chili și sare și piper după gust.
c) Încălziți tortilla în cuptorul cu microunde sau pe o grătar până când sunt moi și flexibile.
d) Întindeți o cantitate mică de sos enchilada în fundul unui vas de copt de 9 x 13 inci.
e) Pune o lingură generoasă din amestecul de somon pe fiecare tortilla și înfășurează-le strâns.
f) Așezați tortillale rulate cu cusătura în jos în tava de copt.
g) Turnați sosul de enchilada rămas peste deasupra enchiladas.
h) Presărați brânza mărunțită peste vârful enchiladas.
i) Coaceți în cuptorul preîncălzit timp de 20-25 de minute, sau până când brânza este topită și clocotită.
j) Se ornează cu coriandru proaspăt și se servește fierbinte.

42.Enchiladas de vita cu sos de casa

INGREDIENTE:
- 12 tortilla de porumb
- 2 căni de brânză cheddar mărunțită
- 1 kg carne de vită tocată
- ½ cană ceapă tocată
- 2 catei de usturoi, tocati
- 1 conserve (14,5 uncii) de rosii tăiate cubulețe
- 1 lingură pudră de chili
- 1 lingurita chimen
- 1 lingurita boia
- ½ lingurita oregano
- Sare si piper dupa gust

INSTRUCȚIUNI:
a) Preîncălziți cuptorul la 375°F. Într-o tigaie mare, gătiți carnea de vită și ceapa la foc mediu până când carnea de vită este rumenită și gătită . Scurgeți orice exces de grăsime. Adăugați usturoiul și gătiți timp de 1 minut.
b) Adăugați roșii tăiate cubulețe, praf de chili, chimen, boia de ardei, oregano, sare și piper după gust.
c) Aduceți la fiert și gătiți timp de 10-15 minute, amestecând din când în când. Se încălzește tortilla în cuptorul cu microunde timp de 30 de secunde.
d) Umpleți fiecare tortilla cu o mână de brânză și o lingură din amestecul de carne de vită.
e) Rulați strâns și puneți cu cusătura în jos într-o tavă unsă cu unsoare.
f) Turnați sos de enchilada de casă deasupra enchiladas. Se presară cu brânză rămasă.
g) Acoperiți cu folie și coaceți timp de 20 de minute. Îndepărtați folia și coaceți încă 10-15 minute până când brânza este topită și clocotește.

43. Enchiladas de vita cu sos verde

INGREDIENTE:
- 12 tortilla de faina
- 2 căni de brânză Monterey Jack măruntită
- 1 kg carne de vită tocată
- 1 cutie (10 uncii) sos enchilada verde
- 1 conserve (4 uncii) de ardei iute verde tăiat cubulețe, scurs
- ½ lingurita de chimion
- Sare si piper dupa gust

INSTRUCȚIUNI:
a) Preîncălziți cuptorul la 375°F.
b) Într-o tigaie mare, gătiți carnea de vită la foc mediu până când carnea de vită este rumenită și gătită . Scurgeți orice exces de grăsime.
c) Adauga ardei iute verde taiat cubulete, chimen, sare si piper dupa gust. Se încălzește tortilla în cuptorul cu microunde timp de 30 de secunde.
d) Umpleți fiecare tortilla cu o mână de brânză și o lingură din amestecul de carne de vită.
e) Rulați strâns și puneți cu cusătura în jos într-o tavă unsă cu unsoare.
f) Peste enchilada se toarnă sos verde de enchilada. Se presară cu brânză rămasă. Acoperiți cu folie și coaceți timp de 20 de minute.
g) Îndepărtați folia și coaceți încă 10-15 minute până când brânza este topită și clocotește.

44.Enchiladas cu carne de vită la fierbere lentă

INGREDIENTE:
- 12 tortilla de faina
- 2 căni de brânză cheddar măruntită
- 2 kg friptură de carne de vită
- 1 cutie (10 uncii) sos enchilada
- 1 conserve (4 uncii) de ardei iute verde tăiat cubulețe, scurs
- 1 lingură pudră de chili
- ½ lingurita de chimion
- Sare si piper dupa gust

INSTRUCȚIUNI:
a) Pune friptura de carne de vită într-un aragaz lent.
b) Adăugați sos enchilada, ardei iute verde tăiat cubulețe, praf de chili, chimen, sare și piper după gust.
c) Acoperiți și gătiți la foc mic timp de 8-10 ore sau până când carnea de vită este fragedă și se destramă ușor. Tocați carnea de vită cu o furculiță.
d) Preîncălziți cuptorul la 375°F. Se încălzește tortilla în cuptorul cu microunde timp de 30 de secunde.
e) Umpleți fiecare tortilla cu o mână de brânză și o lingură de carne de vită măruntită. Rulați strâns și puneți cu cusătura în jos într-o tavă unsă cu unsoare.
f) Turnați sosul rămas din aragazul lent peste partea de sus a enchiladas. Se presară cu brânză rămasă. Acoperiți cu folie și coaceți timp de 20 de minute.
g) Îndepărtați folia și coaceți încă 10-15 minute până când brânza este topită și clocotește.

GUACAMOLE

45. Guacamole cu usturoi

INGREDIENTE:
- 2 avocado, fără sâmburi
- 1 rosie, fara samburi si tocata marunt
- ½ lingură suc proaspăt de lămâie
- ½ ceapă galbenă mică, tocată mărunt
- 2 catei de usturoi, presati
- ¼ linguriță sare de mare
- Strop de piper
- Frunza de coriandru proaspătă tocată

INSTRUCȚIUNI:
a) Folosind un zdrobitor de cartofi, zdrobiți avocado într-un castron mic.
b) ingredientele suplimentare în piureul de avocado.

46.Guacamole cu brânză de capră

INGREDIENTE:

- 2 avocado
- 3 uncii de capră brânză
- zest din 2 tei
- lămâie suc din 2 tei
- ¾ linguriţă usturoi pudra
- ¾ linguriţă ceapă pudra
- ½ linguriţă sare
- ¼ linguriţă roșu piper fulgi (optional)
- ¼ linguriţă piper

INSTRUCŢIUNI:

a) Adăuga avocado la A alimente procesor şi amestec pana cand neted.
b) Adăuga restul de ingredientele şi amestec pana cand încorporate.
c) Servi cu chipsuri.

47.Hummus Guacamole

INGREDIENTE:
- 1 fiecare Copt avocado, decojite
- 2 cupe Hummus bi tahini
- 1 fiecare ceapa, tocat
- 1 mic Roșie, tocat
- 1 Lingura de masa Verde ardei iute, tocat
- măsline ulei
- coriandru, tocat
- Pita

INSTRUCȚIUNI:

a) Chiuretă avocado în A mediu castron. piure & adăuga hummus, amestec temeinic. Cu blândețe se amestecă în cel ceapa, roșie & ardei iute.

b) Verifica condimente. Acoperi & la frigider.

c) Inainte de servire, burniță cu măsline ulei & garnitură cu coriandru.

d) Servi cu pita pene.

48. Kimchi Guacamole

INGREDIENTE:
- 3 avocado coapte, piure
- 1 cană de kimchi, tocat
- ¼ cană ceapă roșie, tăiată mărunt
- 1 lime, suc
- Sare si piper dupa gust
- Chipsuri de tortilla pentru servire

INSTRUCȚIUNI:
a) Într-un castron, pasează avocado.
b) Adăugați kimchi tocat, ceapa roșie, sucul de lămâie , sare și piper. Amesteca bine.
c) Servește kimchi guacamole cu chipsuri tortilla.

49. Spirulina Guacamole Dip

INGREDIENTE:
- 2 avocado, fără sâmburi
- Suc de 1 lămâie
- Suc de 1 lime
- 1 catel de usturoi, tocat grosier
- 1 ceapa galbena medie, tocata grosier
- 1 jalapeno, feliat
- 1 cană frunze de coriandru
- 3 linguri spirulina
- 1 roșie fără semințe și mărunțite sau ½ cană roșii struguri, tăiate la jumătate
- Sare si piper dupa gust

INSTRUCȚIUNI:
a) Pune toate ingredientele, cu excepția roșiilor, într-un blender și amestecă până se combină.
b) Se amestecă roșiile și se condimentează după gust.

50. Guacamole cu nucă de cocos și lămâie

INGREDIENTE:
- 2 avocado coapte
- Suc de 1 lime
- Zest de 1 lime
- 2 linguri coriandru proaspăt tocat
- 2 linguri ceapa rosie taiata cubulete
- 2 linguri nucă de cocos mărunțită
- Sare si piper dupa gust

INSTRUCȚIUNI:
a) Într-un castron, zdrobiți avocado coapte cu o furculiță până devine cremos.
b) Adăugați sucul de lămâie , coaja de lămâie, coriandru tocat, ceapa roșie tăiată cubulețe, nuca de cocos mărunțită, sare și piper.
c) Se amestecă bine pentru a combina toate ingredientele.
d) Gustați și ajustați condimentele după cum doriți.
e) Servește guacamole de lămâie cu nucă de cocos cu chipsuri de tortilla sau folosește-l ca topping delicios pentru tacos, sandvișuri sau salate.
f) Bucurați-vă de aromele cremoase și acidulate ale acestei variante tropicale de guacamole!

51. Nori Guacamole

INGREDIENTE:
- 1 avocado, decojit, fără sâmburi și piure
- 1 ceapă, feliată subțire
- 1 lingură suc proaspăt de lămâie
- 1 lingura coriandru tocat
- Sare kosher și piper proaspăt măcinat
- 2 linguri de gustări cu alge prăjite mărunțite
- Prajituri sau biscuiti cu orez brun, pentru servire

INSTRUCȚIUNI:
a) Combinați avocado, ceapă verde, sucul de lămâie și coriandru într-un castron.
b) Asezonați cu sare și piper. Se presară cu alge prăjite și se servesc cu prăjituri de orez.

52. Guacamole cu fructul pasiunii

INGREDIENTE:
- 2 avocado coapte, curatate de coaja si piure
- ¼ cană ceapă roșie tăiată cubulețe
- ¼ cană coriandru proaspăt tocat
- 1 ardei jalapeño, fără semințe și tăiat cubulețe
- 2 linguri suc de lamaie
- ¼ cană pulpă de fructul pasiunii
- Sare si piper dupa gust

INSTRUCȚIUNI:
a) Într-un castron, amestecați piureul de avocado, ceapa roșie, coriandru, ardeiul jalapeño, sucul de lămâie și pulpa de fructul pasiunii.
b) Asezonați cu sare și piper.
c) Răciți la frigider pentru cel puțin 30 de minute înainte de servire.
d) Serviți cu chipsuri tortilla sau ca topping pentru tacos.

53. Moringa Guacamole

INGREDIENTE:
- 2-4 lingurițe de pudră de Moringa
- 3 avocado coapte
- 1 ceapa rosie mica, tocata marunt
- O mână de roșii cherry, spălate și tocate mărunt
- 3 ramuri cu frunze de coriandru, spalate si tocate marunt
- Ulei de măsline extravirgin, pentru a picura
- Suc de 1 lime
- Condimente: sare, piper, oregano uscat, boia de ardei și semințe de coriandru măcinate

INSTRUCȚIUNI:

a) Tăiați în jumătate, stricați și tocați grosier avocado. Lăsați deoparte o mână de avocado tocat gros.

b) Turnați restul ingredientelor într-un castron mare și folosiți o furculiță pentru a piure guacamole și amestecați bine.

c) Adăugați restul de avocado și presărați deasupra câteva frunze de coriandru.

54. Mojito Guacamole

INGREDIENTE:
- 3 avocado coapte, piure
- ¼ cană ceapă roșie, tăiată mărunt
- ¼ cană coriandru proaspăt, tocat
- 1 jalapeño, semințele îndepărtate și tocate mărunt
- 2 linguri suc proaspăt de lămâie
- 1 lingurita zahar
- Sare si piper dupa gust
- Chipsuri de tortilla pentru servire

INSTRUCȚIUNI:
a) Într-un castron, combinați piure de avocado, ceapa roșie, coriandru, jalapeño și sucul de lămâie.
b) Se amestecă zahăr, sare și piper după gust.
c) Serviți cu chipsuri tortilla și bucurați-vă de Mojito Guacamole!

55.Mimoza Guacamole

INGREDIENTE:
- 2 avocado coapte, piure
- ¼ cană ceapă roșie tăiată cubulețe
- ¼ cană roșii tăiate cubulețe
- ¼ cană coriandru tocat
- 1 jalapeno, fără semințe și tocat mărunt
- 2 linguri suc proaspăt de lămâie
- 2 linguri de sampanie
- Sare si piper dupa gust

INSTRUCȚIUNI:
a) Într-un castron mediu, combinați piureul de avocado, ceapa roșie, roșiile, coriandru și jalapeno.
b) Se amestecă sucul proaspăt de lămâie și șampania.
c) Se condimenteaza cu sare si piper dupa gust.
d) Serviți cu chipsuri tortilla sau bețișoare de legume pentru înmuiere.

56.Guacamole de floarea soarelui

INGREDIENTE:
- 2 avocado
- Suc de ½ lime
- ¼ lingurita sare
- ⅔ cană de lăstari de floarea soarelui mărunțiți
- ¼ cana ceapa rosie tocata marunt
- ½ jalapeno, tocat fin

INSTRUCȚIUNI:
a) Combină toate ingredientele într-un bol și pasează într-un amestec gros.

57. Guacamole din fructele dragonului

INGREDIENTE:
- 1 fruct dragon
- 2 avocado coapte
- ¼ cană ceapă roșie tăiată cubulețe
- ¼ cană coriandru tocat
- 1 ardei jalapeno, fără semințe și tocat
- 2 linguri suc de lamaie
- Sare si piper dupa gust
- Chipsuri de tortilla, pentru servire

INSTRUCȚIUNI:
a) Tăiați fructele dragonului în jumătate și scoateți carnea.
b) Într-un castron mediu, zdrobiți avocado cu o furculiță sau un zdrobitor de cartofi.
c) Încorporați fructele dragonului, ceapa roșie, coriandru, ardei jalapeno, suc de lămâie , sare și piper.
d) Se amestecă bine și se lasă guacamole să stea cel puțin 10 minute pentru a permite aromelor să se topească.
e) Se serveste racit cu chipsuri tortilla.

TAMALES

58. Cinco De Mayo Margarita Tamales

INGREDIENTE:
- 2 cani de masa harina
- 1 cană amestec de margarita (fără alcool)
- 1/2 cană zahăr
- Zest și suc de 2 lime
- 1/4 cana menta proaspata tocata
- Coji de porumb pentru ambalare

INSTRUCȚIUNI:
a) Se amestecă masa harina cu amestecul de margarita și zahărul pentru a forma un aluat.
b) Încorporați coaja de lime, zeama de lime și menta tocată.
c) Întindeți amestecul pe cojile de porumb și îndoiți-l în tamale.
d) Se fierbe la abur timp de 1 oră.

59.Tamale de porc noi mexicane

INGREDIENTE:
PENTRU UMPLUTURA:
- 1½ kilograme Muschie de porc sau alte tăieturi fragede, slabe, fără grăsime
- 1 ceapa alba medie, tocata
- 2 căni de apă
- 2 linguri ulei de canola
- 2 catei de usturoi, tocati
- 1 lingura Faina
- chile măcinat uscat (Chimayo dacă este disponibil)
- ¾ lingurita Sare
- ¼ linguriță de chimion
- ⅛ linguriță de oregano
- 1 6 oz. pachet. coji de porumb uscate

PENTRU MASA:
- 6 cani Masa Harina
- 2 căni de ulei
- 2 linguri de sare
- 4½ căni de apă sau mai mult după cum este necesar

INSTRUCȚIUNI:
PENTRU UMPLUTURA:
a) Preîncălziți cuptorul la 350 de grade.
b) Puneți carnea de porc și ceapa tocată într-o tavă de copt medie și acoperiți cu apă.
c) Coaceți aproximativ 1-½ oră sau până când carnea se desprinde ușor.
d) Scoateți carnea de porc din bulion. Dați bulionul la frigider.
e) Când se răcește, tăiați carnea cu două furculițe sau cu lama de aluat a unui robot de bucătărie.
f) Strecurați bulionul după ce grăsimea s-a solidificat la suprafață. Dacă bulionul nu măsoară 2 căni, adăugați apă pentru a face 2 căni de lichid.
g) Într-o tigaie mare, încălziți uleiul, adăugați usturoiul tocat și carnea de porc.

h) Presărați făină peste amestec și amestecați constant timp de aproximativ un minut, pe măsură ce făina începe să se rumenească.
i) Adăugați ardei iute măcinat, bulion și condimente. Gatiti la foc mediu-mic pana se ingroasa si aproape uscat, amestecand regulat, aproximativ 30 de minute.
j) Se ia de pe foc.

PENTRU MASA:
k) Măsurați Masa Harina într-un castron mare.
l) Adăugați apă în timp ce amestecați.
m) Adăugați ulei și sare și amestecați bine. Folosiți o lingură, un mixer puternic sau mâinile.
n) Când este bine amestecat, ar trebui să aibă consistența aluatului umed pentru prăjituri. Dacă începe să se usuce, adăugați mai multă apă. Acoperiți cu o cârpă umedă dacă este necesar.

ASAMBLARE:
o) Pregătiți cojile de porumb scufundându-le într-un castron sau o tavă cu apă fierbinte timp de 30 de minute.
p) Separați cojile și clătiți-le sub jet de apă caldă pentru a îndepărta orice nisip sau mătase maro. Înmuiați-le în apă caldă până sunt gata de utilizare.
q) Întindeți masa pe partea netedă a cojii cu dosul unei linguri la aproximativ ½" de marginile laterale, 1" de marginea de sus și 2" de marginea de jos.
r) Se pun aproximativ 2 linguri de umplutură în centru.
s) Rotiți coaja astfel încât masa să acopere umplutura și să se desprindă de coajă. Apoi rulați coaja și pliați capătul inferior.
t) Repetați până când toată masa și umplutura sunt folosite.
u) Țineți tamalele împachetate lejer într-un cuptor cu aburi/albitor/aragaz de spaghete sau așezați-o pe un model încrucișat, astfel încât aburul să poată pătrunde eficient.
v) Acoperiți oala și gătiți la abur timp de aproximativ 1 oră până la 1-¼ oră sau până când masa este fermă și se desprinde ușor de coajă.
w) Servește tamalele calde. Lăsați fiecare persoană să-și îndepărteze propriile coji. Acestea pot fi acoperite cu sos de chile verde, chili con carne sau brânză și ceapă, dacă doriți. Bucurați-vă de noile tamale mexicane de porc!

60. Tamale de porc roșu-Chile

INGREDIENTE:
ALUAT:
- 2/3 cană untură proaspătă de porc, răcită
- 1 lingurita praf de copt
- 1 lingurita sare
- 2 cani de masa proaspata macinata grosier sau 1 3/4 cani de masa harina amestecata cu 1 cana plus 2 linguri de apa fierbinte (racita la temperatura camerei)
- 2/3 cana supa de pui, vita sau legume
- Înveliș:
- 4 uncii coji de porumb uscate

UMPLERE:
- 6 ardei iute mari uscati din New Mexico
- 2 catei de usturoi, tocati marunt
- 1/4 lingurita piper negru proaspat macinat
- 1/8 lingurita de chimen macinat
- 12 uncii umăr de porc fără os, tăiat în cuburi de 1/2".
- 1 lingurita sare

INSTRUCȚIUNI:
FACE ALUATUL:
a) În vasul unui mixer electric prevăzut cu accesoriul cu palete, combinați untura, praful de copt și sarea. Bateți până devine ușor și pufos.
b) Adăugați 1 cană de masă și 1/3 cană de stoc; bate pana se omogenizeaza bine.
c) Adăugați masa rămasă și 1/3 cană de stoc; bate pana devine usoara si pufoasa, aproximativ 2 minute.
d) Dați aluatul la frigider pentru cel puțin 1 oră.

FACEȚI AMBALAȚIILE:
e) Reconstituiți cojile de porumb punându-le într-o cratiță adâncă și acoperindu-le cu apă.
f) Puneti cratita la foc mare si aduceti la fierbere. Transferați cojile și apa într-un vas termorezistent . Puneți o farfurie mică deasupra cojilor, ținându-le scufundate. Înmuiați timp de 1 oră. Scoateți din apă.

FACEȚI UMPLUTURA:
g) Scoateți tulpinile de ardei iute, semințe și rupeți în 4 bucăți.
h) Într-un blender, combinați ardei iute , usturoi, ardei și chimen. Adăugați 1 1/2 cană de apă și amestecați până se formează un piure fin. Strecurați amestecul într-o cratiță medie.
i) Adăugați carnea de porc, 1 3/4 cană de apă și sare. Gatiti la foc mediu pana cand lichidul s-a redus la consistenta unui sos gros, iar carnea este foarte frageda (50-60 de minute). Rupeți carnea cu o furculiță.

ASAMBLAȚI TAMALELE:
j) Reveniți aluatul de tamale în mixer. Se amestecă câteva secunde pentru a ușura aluatul.
k) Adăugați 3 linguri de sos și amestecați pentru a se combina. Reglați consistența cu câteva linguri de supă de pui.

PREGĂTIȚI COJILE DE PORUMB:
l) Desfășurați o coajă mare de porumb reconstituită și rupeți pe lungime de-a lungul bobului pentru a face fâșii late de 1/4 inch (două per tamal).

m) Pune o altă bucată lungă pe suprafața de lucru, cu capătul ascuțit departe de tine.
n) Puneți 1/4 cană de aluat pe mijlocul unui capăt al cojii. Întindeți într-un pătrat de 4 inci, lăsând margini pe părțile laterale.
o) Puneti 2 linguri de umplutura in centru.
p) Aduceți părțile lungi împreună pentru a forma un cilindru, asigurându-vă că aluatul învelește umplutura.
q) Îndoiți capătul ascuțit dedesubt și legați lejer cu bandă de coajă. Îndoiți capătul plat dedesubt și legați.

Aburiți Tamalele:
r) Pune un cuptor cu abur la foc mare. Când iese aburul, reduceți căldura la mediu.
s) Se fierbe la abur timp de 1 oră și 15 minute, adăugând mai multă apă când este necesar.
t) Desfaceți un tamal. Dacă aluatul se eliberează din ambalaj și se simte moale, este gata. Dacă se lipește, împachetați din nou și fierbeți la abur pentru încă 15 până la 20 de minute.
u) Luați de pe foc și lăsați să stea 15 minute pentru ca aluatul să se întărească.
v) Serviți cu Salsa Tomatillo-Chipotle prăjită.
w) Bucurați-vă de tamalele dvs. de porc roșu-chile!

61.Tamale cu carne tocata

INGREDIENTE:
- 32 de gunoi de porumb

MASA:
- 1 cană untură
- 1 lingurita Pudra de Chili

UMPLERE:
- 1 ceapa medie, tocata
- 1 cățel de usturoi, zdrobit
- 1/2 lingurita Chimen, macinat
- 1/2 lingurita Pudra de Chili
- 1/2 lingura de sare
- 1/2 lingură Untură
- 1 lingurita Pudra de Chili
- 1 lingurita Sare
- 8 cesti Masa
- 3 căni de apă caldă
- 1/4 lingurita piper negru
- 3 linguri Stafide, tocate mărunt
- 2 linguri ulei
- 1 kg Carne, mărunțită
- 1/4 cană apă

APA DE GATIRE:
- 1 litru de apă

INSTRUCȚIUNI:

SHUCKS DE IMUIE:

a) Înmuiați cojile de porumb în apă caldă timp de 2 ore sau peste noapte înainte de utilizare.

UMPLERE:

b) Prăjiți ceapa, usturoiul, chimenul, pudra de chili, sare, piper și stafidele (dacă doriți) în ulei încins.

c) Se adauga carnea tocata si apa; se fierbe până când lichidul a fost absorbit.

MASA:
d) Puneti untura, pudra de chili si sare in masa; se framanta cu mainile pana se omogenizeaza. (Ca alternativă, utilizați un aparat de făcut pâine în setarea „manuală".)
e) Asamblarea Tamales:
f) Folosind dosul unei linguri, întindeți un strat subțire și uniform de masă pe interiorul cojii de porumb, acoperind jumătate din lungimea cojii.
g) Răspândiți subțire 1 lingură din amestecul de umplutură pe porțiunea acoperită cu masa de coajă.
h) Așezați o parte a cojii peste cealaltă, pliând sub porțiunea care nu conține masa.
i) Stivuire și aburire:
j) Stivuiți tamalele la modă piramidală pe un grătar puțin adânc în fundul unui aragaz mare.
k) Adăugați untură și praf de chili în apă și turnați peste tamales.
l) Acoperiți cu coji suplimentare și gătiți la abur timp de 4-5 ore.
m) Sugestie: Când masa este gata , se va desprinde de coji când este desfăcută.

62.Tamale de porc mărunțite

INGREDIENTE:
- 18 Coji de porumb uscate
- 1 ceapa mica, tocata (1/4 cana)
- 2 linguri ulei vegetal
- 1/4 cană sos roșu de bază
- Carne de porc mărunțită
- 2 linguri Stafide
- 2 linguri Capere
- 2 linguri Cilantro proaspăt tăiat
- 18 Măsline fără sâmburi

CARNE DE PORC RASAT:
- 1 kilogram de umăr de porc dezosat
- 1 rosie, tocata
- 1 ceapă mică, tăiată în 1/4
- 1 morcov, tăiat în bucăți de 1".
- 1 tulpină de țelină, tăiată în bucăți de 1".
- 1 lingura Pudra de Chili
- 1 lingurita Sare
- 1/4 linguriță de semințe de chimen
- 1/4 linguriță de oregano uscat
- 1/4 lingurita Piper
- 1 cățel de usturoi
- 1 frunză de dafin
- 1 cană de shortening sau untură
- 2 cani Masa Harina
- 3 lingurițe Praf de copt
- 2 cani de supa de porc (rezervata de la gatirea carnii de porc)

INSTRUCȚIUNI:
CARNE DE PORC RASAT:
a) Pune toate ingredientele pentru carnea de porc într-o cratiță de 3 litri.
b) Adăugați suficientă apă pentru a acoperi.
c) Se încălzește până la fierbere; reduce caldura.
d) Acoperiți și fierbeți până când carnea de porc este fragedă, aproximativ 1 1/2 oră.

e) Scurgeți, rezervați bulionul pentru aluatul de tamale.

ALUAT DE TAMALE:

f) Bateți toate ingredientele pentru aluat într-un castron mare de mixer la viteză mică, răzuind vasul constant până când amestecul formează o pastă netedă.

g) Bateți la viteză medie până devine ușor și pufos, aproximativ 10 minute.

PREGĂTIREA TAMALELOR:

h) Acoperiți cojile de porumb cu apă caldă și lăsați să stea până când sunt flexibile, cel puțin 2 ore.

i) Gatiti si amestecati ceapa in ulei intr-o cratita de 3 litri pana se inmoaie.

j) Se amestecă sosul roșu, carnea de porc mărunțită și ingredientele rămase, cu excepția aluatului și măslinelor.

k) Se încălzește până la fierbere; reduce caldura.

l) Acoperiți și răciți timp de 15 minute.

m) Scurgeți cojile de porumb ; uscați cu prosoape de hârtie.

n) Întindeți 1/4 cană de aluat în centrul fiecărei coji de la o margine până la 1/2 inch de cealaltă margine.

o) Puneti 2 linguri de amestec de carne de porc in centrul aluatului si acoperiti cu o masline.

p) Rulați cojile în jurul umpluturii, începând cu marginea aluatului.

q) Îndoiți ambele capete în sus spre centru și fixați-le cu o sfoară dacă este necesar.

r) Puneți tamalele pe un gratar într-un cuptor olandez sau un cuptor cu aburi.

s) Turnați apă clocotită în cuptorul olandez până la nivelul grătarului.

t) Acoperiți cuptorul olandez și lăsați apa să fiarbă la foc mic timp de 1 oră.

63.Time-Warp Tamales

INGREDIENTE:
- O pungă de 6 uncii coji de porumb

ALEU DE MA IZE
- 2 cani de aluat ma ize
- 1 lingurita sare de mare
- ½ cană unt topit

UMPLERE
- 6 ardei iute verzi întregi
- 1 kilogram de piept de pui dezosat și fără piele sau 1 kilogram de dovleac tăiat cubulețe
- 1 lingurita chimen
- 1 lingurita boia
- Sare
- Piper
- 1 lingura ulei vegetal
- ¼ cana ceapa galbena tocata marunt
- 1 lingurita de unt
- 1 lingura supa de pui sau
- ½ cană de brânză Cheddar măruntită
- 1 lingura coriandru tocat
- 1 lingura ceapa verde tocata
- Salsa si smantana, pentru servire

INSTRUCȚIUNI:
a) Rehidratează-ți cojile de porumb înmuiându-le în apă peste noapte. Clătiți cojile înainte de a le folosi.

b) Pentru a face aluatul , amestecați aluatul de pahar cu sarea într-un castron mare.

c) Adăugați încet untul topit, amestecându-l în aluat pe măsură ce mergeți.

d) Apoi, prăjiți ardeii pe grătar sau coaceți la cuptor până când pielea este carbonizată. Se raceste si se indeparteaza coaja carbonizata si toate semintele inainte de a taia ardeii cubulete.

e) Asezonați pieptul de pui cu chimen, boia de ardei și sare și piper după gust. Într-o tigaie, se încălzește uleiul la foc mare și se călește puiul timp de 3½ minute pe fiecare parte, până se rumenește.

f) Se adauga ceapa galbena si untul si se fierbe 1 minut, apoi se adauga supa de pui si se ia de pe foc.
g) Când puiul s-a răcit, tăiați-l în bucăți mici.
h) Amestecați puiul tăiat cu ardeii și brânza. Asezonați cu mai multă sare și piper, dacă doriți, apoi adăugați coriandru și ceapa verde și amestecați pentru a se combina. Umplutura ta s-a terminat!
i) Pentru a asambla un tamal, faceți o bilă de aluat de mărimea unei prune în centrul palmei.
j) Puneți-l în mijlocul unei coji de porumb și folosiți dosul unei linguri pentru a o întinde uniform într-un strat subțire. Puneți o lingură grămadă de umplutură deasupra aluatului și pregătiți-vă să răsuciți una!
k) Luați o altă coajă de porumb și rupeți-o în fâșii. Veți folosi aceste piese pentru a lega capetele tamalei.
l) Rulați coaja de porumb cu umplutură și prindeți capetele împreună, forțând umplutura spre centrul tamalei, apoi pliați în excesul de coajă și fixați cu fâșiile de coajă sau sfoară simplă, astfel încât coaja să rămână pliată în timp ce se aburește.
m) În acest moment, puteți îngheța niște tamale și le puteți păstra pentru o altă zi, sau le puteți fierbe pe toate acum.
n) Tamalele sunt în mod tradițional gătite la abur într-un coș special, dar puteți folosi și un aparat de aburi pentru legume. Împachetați tamalele în vasul cu abur și puneți vasul peste apă clocotită într-o oală mare.
o) Reduceți-l la fiert și acoperiți oala.
p) Gătiți timp de 1 până la 1 oră și jumătate, verificând ocazional nivelul apei și adăugând mai multă apă dacă este necesar.
q) Scoateți un tamal și verificați fermitatea aluatului. Ar trebui să fie spongios și puțin uleios, dar ferm.
r) Servește tamalele calde, cu salsa și smântână în parte, dacă doriți.

64.Tamales Cu Pui Si Salsa Verde

INGREDIENTE:
PENTRU TAMALES:
- ½ pachet (8 uncii) de coji de porumb uscate
- 4 uncii (1/2 cană) untură
- 1 liră (2 căni) de masă proaspătă
- ⅔ cană bulion de pasăre
- 1 lingurita praf de copt
- ½ lingurita sare

PENTRU SALSA VERDE:
- 1 kilogram de tomate
- 3 ardei iute serrano
- Sare
- 1 lingură untură
- 6 crengute de coriandru proaspat, tocate grosier
- 1 ceapa mica, tocata
- 1 catel mare de usturoi, tocat
- 3 tomate, tocate
- ¼ cana coriandru, tocat
- 1⅓ cani de pui tocat

INSTRUCȚIUNI:
PREGĂTIȚI COJI DE PORUMB:
a) Fierbeți cojile în apă pentru a se acoperi timp de 10 minute, cântărindu-le cu o farfurie pentru a le menține scufundate. Lăsați-le să stea până când cojile sunt flexibile.

FACEȚI ALUATUL:
b) Bateți untura într-un mixer până când este foarte ușoară, aproximativ un minut.
c) Adăugați ½ liră (1 cană) de masă proaspătă în untură. Bateți până se omogenizează bine.
d) ½ kilogram de masă rămasă și bulionul de pasăre, adăugând doar suficient bulion pentru a da consistența aluatului de prăjitură de grosime medie.
e) Se presara praful de copt si sare. Bateți încă 1 minut.

FACEȚI SALSA VERDE:

f) Decojiți și spălați tomatele. Fierbeți tomatele și 3 ardei iute serrano cu puțină sare într-o oală cu apă până se înmoaie, aproximativ 10 până la 15 minute.
g) Scurge-le si pune-le in vasul unui robot de bucatarie. Adăugați coriandru, ceapa și usturoi. Procesați până la omogenizare.
h) Se încălzește 1 lingură untură într-o tigaie medie-mare la foc mediu-mare. Când untura este suficient de fierbinte încât să sfârâie o picătură din piureul de tomatillo, turnați-o pe toate odată.
i) Amestecați sosul în mod constant timp de 45 de minute, până când devine mai închis și mai gros, suficient de gros pentru a acoperi o lingură. Adăugați roșiile tocate și coriandru. Asezonați cu sare.

AMESTECAȚI ȘI FORMAȚI TAMALELE:
j) Amestecați puiul mărunțit cu ½ cană de sos tomatillo fiert.
k) Scoateți cojile din apă când s-au înmuiat. Pat se usucă. Rupeți cojile suplimentare în fâșii de ¼ de inch lățime și lungi de 7 inci, câte una pentru fiecare tamale.
l) Luați unul care are cel puțin 6 inci în diametru la capătul mai lat și 6-7 inci lungime. Întindeți această coajă de porumb cu capătul conic spre tine.
m) Răspândiți câteva linguri de amestec de aluat într-un pătrat, lăsând cel puțin o margine de 1 1/2 inch pe partea spre dvs. și o margine de ¾ inch de-a lungul celorlalte părți.
n) Ridicați două părți lungi ale cojii de porumb și aduceți-le împreună, suprapunându-le una peste alta. Îndoiți strâns partea inferioară a cojii până la linia de umplere. Lăsați partea superioară deschisă. Fixați-l pe loc legând lejer o fâșie de coajă în jurul tamalului. Repetați cu restul de coji și amestecul de aluat.
o) Așezați tamalele pe fundul pliat într-un vas cu abur pregătit, asigurându-vă că nu sunt împachetate prea strâns, deoarece trebuie să se extindă. Acoperiți cu un strat de coji rămase. Acoperiți cu capac și gătiți la abur timp de 1 oră.
p) Verificați cu atenție ca toată apa să nu fiarbă, adăugând apă clocotită când este necesar.
q) Serviți cu salsa suplimentară în lateral.

65. Tamale de pui cu sos de ardei gras si busuioc

INGREDIENTE:
ARDEI ROSU ROSU PRAJIT SI SOS DE BUSUIOC:
- 4 ardei gras roșii, prăjiți, curățați de coajă, fără semințe și tăiați cubulețe
- 2 catei de usturoi, tocati
- 1 lingura busuioc proaspat tocat
- 1 chipotle chile , cu tulpină
- 2 linguri de sos de cayenne Durkee
- 1/2 lingurita chimen macinat
- Sarat la gust

ALUAT DE TAMALE:
- 1 1/2 cani Masa harina
- 1/2 lingurita zahar
- 1/2 lingurita Sare
- 1 lingurita Unt topit
- 1 cățel de usturoi, tocat
- 3/4 cană apă
- 1 lingurita ulei vegetal

UMPLERE:
- 1/2 kilogram de pui afumat fără os, tăiat cubulețe
- 2 catei de usturoi, tocati
- ardei iute noi mexicani , prăjiți, decojiți, fără tulpini, fără semințe și tocați grosier
- 1/4 cană brânză Monterey Jack rasă
- 1/4 cană brânză Cheddar rasă
- 1 lingurita chimen macinat
- 1/2 lingurita coriandru macinat
- 1/2 lingurita pulbere Chile
- Sare si piper dupa gust
- 8 Coji mari de porumb

INSTRUCȚIUNI:
ARDEI ROSU ROSU PRAJIT SI SOS DE BUSUIOC:
a) Într-un blender sau robot de bucătărie, combinați ardeiul gras roșu prăjit, usturoiul, busuiocul, chipotle chile , sosul cayenne, chimenul măcinat și sarea.

b) Se amestecă până la omogenizare. Dați deoparte sau dați la frigider până când sunt gata de servire.

ALUAT DE TAMALE:

c) Într-un castron, combinați masa harina, zahărul, sarea, untul topit, usturoiul tocat și apa.
d) Se amestecă până se formează un aluat moale. Acoperiți cu folie de plastic și lăsați deoparte.

UMPLERE:

e) Încinge ulei vegetal într-o tigaie mare la foc mare.
f) Adăugați cubulețe de pui afumat și gătiți până aproape fiert (aproximativ 4 minute).
g) Adăugați usturoiul tocat și ardei iute New Mexican prăjiți. Se amestecă pentru a combina.
h) Se ia de pe foc si se lasa sa se raceasca. Adăugați brânzeturi Monterey Jack și Cheddar ras, chimen măcinat, coriandru măcinat, pudră de chile, sare și piper. Amesteca bine.

ASAMBLARE:

i) Înmuiați cojile de porumb în apă caldă timp de 10 minute până când sunt flexibile.
j) Rupeți 2 coji în 12 fâșii și lăsați deoparte.
k) Așezați 6 coji pe o suprafață de lucru și distribuiți uniform aluatul de tamale între ele.
l) Formați aluatul într-un dreptunghi, lăsând un chenar de 1/2 inch de-a lungul părților laterale.
m) Puneti umplutura de pui in centrul aluatului.
n) Rulați coaja pe lungime peste umplutură pentru a forma o formă de tub, înglobând umplutura în aluat.
o) Înfășurați complet aluatul în coajă și legați ambele capete cu fâșiile rupte.
p) Puneți tamalele într-un cuptor cu abur, acoperiți strâns și fierbeți la abur timp de 15 până la 20 de minute.
q) Serviți imediat cu sos de ardei gras roșu prăjit și busuioc în parte.

66.Tamales de porumb condimentat chilian

INGREDIENTE:
- 3½ cani boabe de porumb (proaspete sau conservate)
- ½ cană de lapte
- 1 lingurita Sare
- Piper negru proaspăt măcinat
- 1 lingurita Aji pudră de chile sau înlocuitor New Mexican
- 2 linguri de margarina
- 1 ceapa, tocata
- ½ cană de dovleac de vară, tocat mărunt
- 1 lingura ardei gras rosu, tocat
- 1 lingură coriandru proaspăt, tocat
- ¼ cană parmezan, ras
- Frunze de banană (6 pe 6 inci) sau coji de porumb

INSTRUCȚIUNI:
a) Se pasează boabele de porumb cu laptele într-un robot de bucătărie. Adăugați sarea, piperul și pudra de chile și amestecați bine.
b) Într-o tigaie mare, încălziți margarina și căleți ceapa, dovleceii, ardeiul gras și coriandru timp de 10 minute.
c) Adăugați porumbul pasat și gătiți, amestecând continuu până se îngroașă, aproximativ 5 minute.
d) Adăugați brânza rasă, amestecați bine și luați de pe foc.
e) Se albesc frunzele de banană sau cojile de porumb în apă clocotită și se scurg.
f) Pe rând, scoateți fiecare coajă și întindeți aproximativ 4 linguri de amestec de porumb în centrul fiecărei coji.
g) Îndoiți coaja în jurul amestecului de porumb pentru a face un pachet pătrat și legați bine cu sfoară de bucătărie. Asigurați-vă că toate marginile sunt sigilate, astfel încât niciun aluat să nu poată scăpa din coajă.
h) Când toate cojile sunt umplute , puneți-le într-o oală mare cu apă cu sare pentru a se acoperi și fierbeți la foc mic, acoperite, timp de aproximativ 1 oră.
i) Serviți tamalele în cojile lor cât sunt calde. Ele pot fi și aburite .

67. Succotash Tamales

INGREDIENTE:
- 200 de grame de cușcuș instant, scurs și prefiert
- 100 de grame de fasole unt la conserva, scursa
- 100 de grame de boabe de porumb dulce conservate
- 100 de grame de mazăre proaspătă decojită
- 1 ardei roșu dulce mic
- 4 Ceapa primavara
- 1 buton mare de unt
- 4 tamale (coji de porumb uscate)
- Puține frunze de coriandru
- Sare si piper dupa gust

INSTRUCȚIUNI:
a) Tocați mărunt ceapa primăvară și ardeiul roșu.
b) Prăjiți ușor ceapa primăvară și ardeiul roșu tocate în puțin unt. Asezonați cu sare și piper.
c) Adăugați fasole de unt, boabe de porumb și mazăre. Se caleste usor timp de 2 minute.
d) Adăugați cușcușul fiert și încălziți ușor.
e) La final, amestecați prin frunzele de coriandru.
f) Umpleți fiecare tamale legat în mod egal cu amestecul de succotash.
g) Serviți cu pui picant, fripturi sau ouă prăjite cajun.
h) Bucurați-vă de Succotash Tamales!

68.Tamale de fasole dulci

INGREDIENTE:
MASA ALUAT:
- 2/3 cană untură
- 2 linguri de zahăr
- 1½ linguriță Sare
- 1½ kilograme de masă proaspătă pentru tamales
- 1 cană de apă

Umplutura de fasole dulce:
- 1 litru de fasole Pinto, fiartă și scursă
- 1/4 cană untură
- panocha zdrobită (zahăr brun mexican) sau zahăr negru
- 1 lingurita scortisoara macinata
- 1 lingurita cuisoare macinate
- 2 cani de stafide, inmuiate in apa fierbinte 1/2 ora

COJI DE PORUMB:
- Coji de porumb, înmuiate în apă fierbinte timp de 10 minute până când sunt flexibile, apoi clătite și scurse

INSTRUCȚIUNI:
MASA ALUAT:
a) Bateți untura, zahărul și sarea într-un mixer electric până devine pufoasă.
b) Adăugați treptat masa, alternând cu apă.
c) Bate până devine pufoasă. Testați prin plasarea unei mostre mici din amestec într-un pahar cu apă. Dacă proba plutește, masa este gata.

Umplutura de fasole dulce:
d) Piure de fasole scursă.
e) Se încălzește untură într-o tigaie.
f) Adăugați fasole, panocha , scorțișoară, cuișoare și stafidele scurse.
g) Se fierbe timp de 15 minute, amestecând des pentru a preveni arderea fasolei.
h) Se răcește înainte de utilizare.

MONTARE TAMALES:
i) Pentru tamale mici, puneți 1 lingură de masă pe capătul lat al unei coji și întindeți-o pe fiecare parte.

j) Puneți 1 lingură grămadă de amestec de fasole în centru.
k) Îndoiți părțile laterale ale cojilor pentru a acoperi umplutura, cu marginile suprapuse.
l) Îndoiți capătul ascuțit spre tamal și prindeți capetele deschise împreună.

TAMALE LA Aburire:
m) Puneți o folie de folie de dimensiunea unei cani într-un ceainic mare și adăugați 2 căni de apă.
n) Aranjați tamalele într-o piramidă, cu capătul deschis în sus, cu capătul îndoit pe folie pentru a-l ține închis.
o) Se fierbe la abur, acoperit, timp de 40 de minute.

69. Tamale Dulci De Orez Negru Cu Ha Gow

INGREDIENTE:

PENTRU MASA DE OREZ:
- 3 căni de orez negru thailandez dulce
- 2 lingurițe Praf de copt
- 8 uncii unt nesărat

PENTRU UMPLUREA HA GOW:
- 27 uncii Ha gow umplere

PENTRU ASAMBLARE:
- 18 Coji de porumb, umezite
- Ciuperci negre chinezești uscate, înmuiate și tocate
- ½ kg de creveți tăiați mărunt
- ½ lingurita Sare
- 1½ linguriță de zahăr
- 1 albus de ou, batut
- 1½ linguriță de ghimbir proaspăt ras
- 1 lingură vin alb sec
- 2 linguri amidon de porumb
- 2 lingurite sos de stridii
- 1 lingurita sos de soia
- 1½ linguriță ulei de susan
- 1½ linguriță ulei de arahide
- ¼ ceasca de jicama tocata marunt
- ¼ cană morcovi tăiați mărunt
- 1 buchet mare de ceai verde tocat
- 1 praf de piper alb
- ¾ cană fasole neagră fermentată
- ¼ cană usturoi tocat

PENTRU SOS DE FASOLE NEGRE SZECHUAN:
- 6 midii negre, în coajă
- 2 linguri ulei de arahide
- 2 linguri de unt nesarat, plus 2 uncii pentru a termina vasul
- 1 cană de vin de prune
- 1 cană Mirin
- 3 căni de supă de pui

- 2 linguri miso rosu
- 1 lingura sos Hoisin
- 2 linguri de usturoi
- 2 linguri Ghimbir
- 1 lingură de scoici
- ½ linguriță chilis roșu zdrobit

PENTRU MIXUL DE CHINOIS:
- 1 cană fasole neagră
- ¼ cană usturoi
- ¼ cană chinezesc tocat

INSTRUCȚIUNI:
PENTRU MASA DE OREZ:
a) Măcinați orezul într-o râșniță de cafea cât mai fin posibil.
b) Înmuiați în apă caldă timp de 1 oră. Scurgeți prin pânză de brânză și transferați într-un robot de bucătărie cu un atașament cu palete.
c) Adăugați praful de copt și untul, amestecând până când ingredientele sunt incorporate și textura seamănă cu masa.

PENTRU UMPLUREA HA GOW:
d) Înmuiați ciupercile în apă fierbinte timp de 30 de minute. Îndepărtați tulpinile și capacele tocate.
e) Puneți creveții într-un robot de bucătărie cu sare, zahăr, albuș de ou, ghimbir, vin, amidon de porumb, sos de stridii, sos de soia, ulei de susan și ulei de arahide. Amestecați bine după fiecare adăugare.
f) Adăugați ciupercile, jicama, morcovul, ceapa tocată și piper alb. Amesteca bine.

PENTRU ASAMBLARE:
g) Pentru fiecare tamal, așezați două coji de porumb umezite pe o suprafață de lucru, creând un dreptunghi.
h) Puneți 2 uncii de masa de orez, apoi 3 uncii de umplutură ha gow și, la sfârșit, încă 2 uncii de masa de orez deasupra.
i) Înfășurați și puneți-l într-un aburi. Se fierbe la abur aproximativ 50-60 de minute până când orezul este fiert.

PENTRU SOS DE FASOLE NEGRE SZECHUAN:
j) Procesați grosier fasolea neagră, usturoiul și chineză.
k) Soteți cu midii în coajă în puțin ulei de arahide și unt.

l) Adăugați vin de prune, mirin și reduceți. Apoi adăugați supa de pui, miso și hoisin și reduceți.
m) Scoateți midiile și pasați amestecul.
n) Pentru a termina sosul, montați cele 2 uncii de unt.
o) Pentru mixul Chinois:
p) Se amestecă toate ingredientele.

70.Caserolă de tamale de porumb verde

INGREDIENTE:
- 1 cutie (4 oz.) de ardei iute verzi întregi
- 3 căni de porumb proaspăt sau porumb congelat
- ⅓ cană făină de porumb galbenă
- 2 linguri de unt topit
- 2 lingurite de zahar
- 1 lingurita sare
- 1 cană brânză rasă

INSTRUCȚIUNI:
a) Preîncălziți cuptorul la 350 de grade. Ungeți un vas de copt.
b) Tăiați ardeiul verde în fâșii largi.
c) Într-un blender, combinați porumbul proaspăt sau congelat, făina de porumb galbenă, untul topit, zahărul și sarea până se omogenizează bine.
d) Așezați jumătate din amestecul de făină de porumb pe fundul vasului de copt uns cu unt, urmat de fâșii de ardei iute verzi și brânză rasă. Repetați straturile, terminând cu amestecul de mălai rămas deasupra. Presărați brânză suplimentară deasupra.
e) Acoperiți vasul cu folie și coaceți timp de 1 oră la 350 de grade.

71. Tamale de varză

INGREDIENTE:

- 1 varză mare
- 4 kilograme de cotlet sau muschi de porc, nefierte
- ½ kilogram de orez Minute, fiert
- 1 kg de slănină, nefiertă
- 1 cutie mare suc de rosii
- 1 ceapa medie, tocata
- Sare si piper dupa gust
- ardei rosu (pudra)

INSTRUCȚIUNI:

a) Gatiti orezul conform instructiunilor de pe ambalaj.
b) Tăiați miezul din varză pe cât posibil. Puneți tot capul de varză în apă fierbinte cu sare până când frunzele exterioare devin moi. Scoateți din apă și puneți pe o farfurie, luând frunzele pe măsură ce se înmoaie. Înlocuiți varza în apă clocotită încet până când toate frunzele sunt îndepărtate .
c) Taiați carnea de porc în pătrate de aproximativ ½ inch.
d) Tapetați fundul și părțile laterale ale unei tigaie cu slănină nefiertă.
e) Luați câte o frunză de varză. Pune o lingura de orez fiert, 4-5 cuburi de carne de porc, putina ceapa tocata si un strop de sare si piper (optional) pe fiecare frunza. Rulați frunza și puneți-o în tava de friptură. Repetați acest proces pentru fiecare frunză.
f) Puneți resturile de carne, ceapă și orez deasupra frunzelor de varză. Tapetați blatul cu bacon.
g) Turnați o cutie de suc de roșii și una de apă în tigaie. Se presara deasupra piper rosu pudra.
h) Se coace acoperit la 350 de grade timp de 3 ore.
i) Serviți tamalele de varză cu pâine franțuzească. Bucurați-vă!

72. Chilahuates (Tamales învelite în frunze de banană)

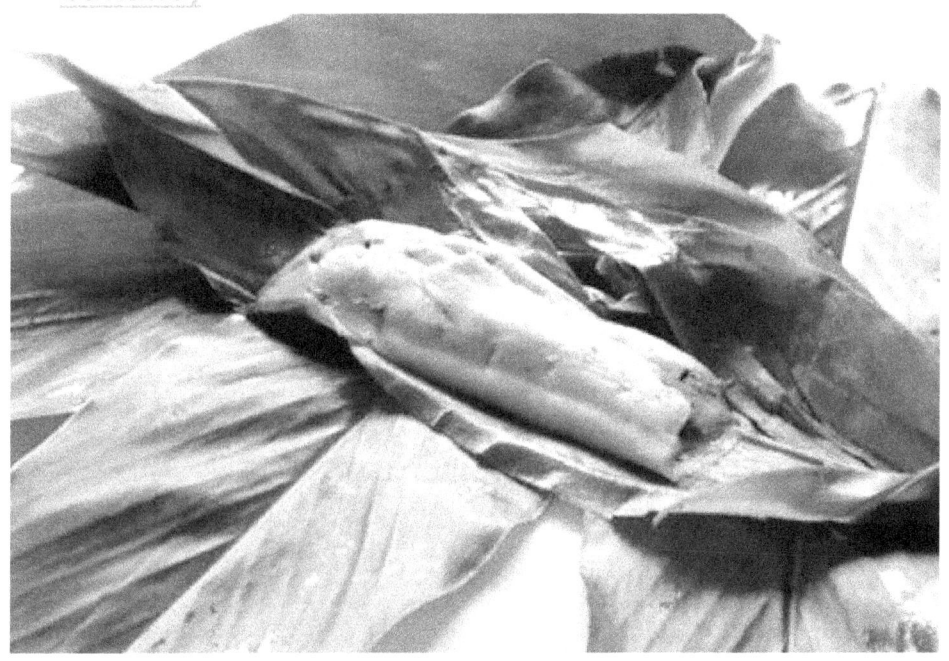

INGREDIENTE:
- 1 cană fasole neagră
- 4 cani de masa harina
- ½ cană de scurtătură vegetală
- 2 căni bulion de legume, călduță
- 1 lingurita sare
- 1 lingurita praf de copt
- 3 frunze de banana
- ¼ cană ulei vegetal
- 1 catel de usturoi, tocat marunt
- ½ cană de ceai verde, tocat mărunt
- 1 dovleac chayote, tocat fin
- 6 ardei iute jalapeno , cu tulpină și tocate mărunt
- ½ cană migdale, albite și tocate mărunt
- ¼ cană coriandru proaspăt tocat
- Sarat la gust

INSTRUCȚIUNI:
a) Pune fasolea neagră într-o oală medie, adaugă apă și aduce la fierbere. Reduceți focul și fierbeți, acoperit, timp de 1-2 ore până când fasolea este fragedă. Fasolea este gătită când coaja li se rupe ușor când este amestecată.
b) Într-un castron, bateți masa harina cu scurtajul de legume, alternând cu bulionul de legume călduț până devine ușor și pufos, aproximativ 10 minute. Adăugați sarea și praful de copt și bateți încă 2 minute.
c) Curățați și fierbeți sau carbonizați frunzele de banane (dacă nu sunt pre-fierte). Tăiați nervurile dure și tăiați frunzele în pătrate de aproximativ 8-10 inchi.
d) Se încălzește ulei vegetal într-o tigaie și se călește usturoiul și ceapa până devin aurii. Adăugați chayote, ardei iute jalapeno , migdale, coriandru și fasole neagră fiartă. Se amestecă bine, amestecând și gătind totul împreună. Asezonați cu sare după gust.
e) Pe un pătrat de frunze de banană, întindeți puțin mai puțin de ½ cană de masa harina ca o clătită. Acoperiți cu aproximativ 2

linguriţe din amestecul de legume/fasole. Îndoiţi frunza ca pe un pachet şi repetaţi cu frunzele rămase şi umplutura.

f) Puneţi tamalele într-un cuptor cu abur, suprapunându-le în diagonală pentru a permite aburului să treacă. Acoperiţi oala şi gătiţi la abur timp de cel puţin 1 oră şi jumătate, verificând din când în când nivelul apei.

g) Odată gătite, desfaceţi cu grijă frunzele de banană şi serviţi chilahuate-urile fierbinţi. Bucuraţi-vă de delicioasele tale tamale învelite în frunze de banană!

73.Tamale de creveți și porumb

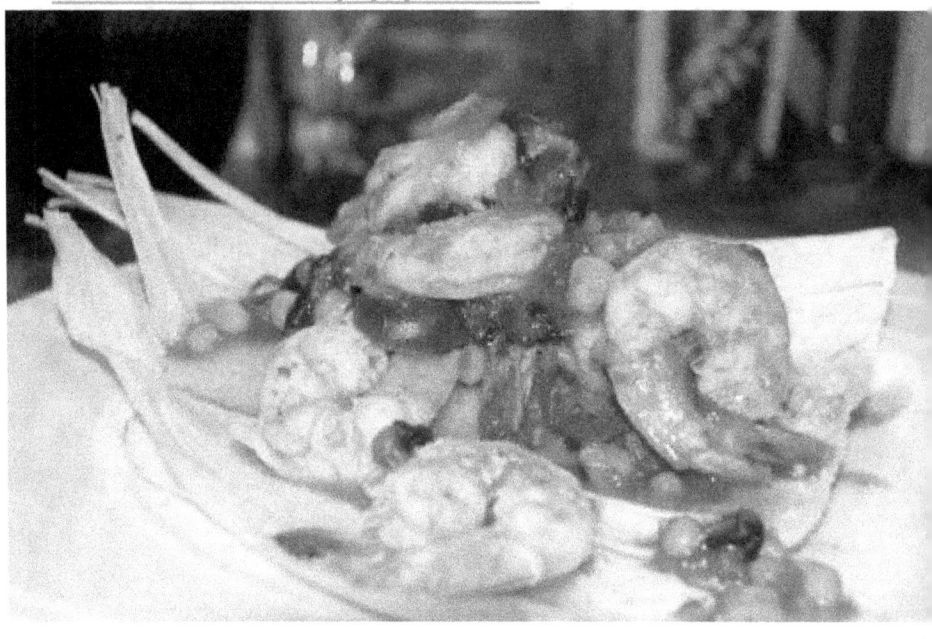

INGREDIENTE:
- 2 cani de masa harina
- 1 cană supă de pui sau legume
- 1/2 cană unt nesărat, înmuiat
- 1 cană de creveți fierți, tocați
- 1 cană boabe de porumb
- 1/4 cană coriandru proaspăt tocat
- 1 lingurita chimen
- Sare si piper dupa gust
- Coji de porumb pentru ambalare

INSTRUCȚIUNI:
a) Se amestecă masa harina cu bulion și untul înmuiat pentru a forma un aluat.
b) Încorporați creveți fierți, porumb, coriandru, chimen, sare și piper.
c) Întindeți amestecul pe cojile de porumb și îndoiți-l în tamale.
d) Se fierbe la abur timp de 1-1,5 ore.

74. Tamale de homar și avocado

INGREDIENTE:
- 2 cani de masa harina
- 1 cană bulion de pește sau legume
- 1/2 cană unt nesărat, înmuiat
- 1 cană de carne de homar fiartă, tocată
- 1/2 cană de avocado tăiat cubulețe
- 1/4 cană pătrunjel proaspăt tocat
- 1 lingurita coaja de lime
- Sare si piper cayenne dupa gust
- Coji de porumb pentru ambalare

INSTRUCȚIUNI:
a) Se amestecă masa harina cu bulion și untul înmuiat pentru a forma un aluat.
b) Încorporați homarul fiert, avocado tăiat cubulețe, pătrunjel, coaja de lămâie, sare și piper cayenne.
c) Întindeți amestecul pe cojile de porumb și îndoiți-l în tamale.
d) Se fierbe la abur timp de 1-1,5 ore.

75. Tamale de crab și ardei roșu prăjit

INGREDIENTE:
- 2 cani de masa harina
- 1 cană bulion de pește sau legume
- 1/2 cană unt nesărat, înmuiat
- 1 cană de carne de crab
- 1/2 cană ardei roșii prăjiți, tocați
- 1/4 cana ceapa verde tocata
- 1 lingurita condiment Old Bay
- Sare si piper negru dupa gust
- Coji de porumb pentru ambalare

INSTRUCȚIUNI:

a) Se amestecă masa harina cu bulion și untul înmuiat pentru a forma un aluat.

b) Încorporați carne de crab , ardei roșu prăjit, ceapă verde, condimente Old Bay, sare și piper negru.

c) Întindeți amestecul pe cojile de porumb și îndoiți-l în tamale.

d) Se fierbe la abur timp de 1-1,5 ore.

76.Tamale de somon și mărar

INGREDIENTE:
- 2 cani de masa harina
- 1 cană bulion de pește sau legume
- 1/2 cană unt nesărat, înmuiat
- 1 cană somon fiert, fulgi
- 1/4 cană mărar proaspăt tocat
- 1/4 cană capere, scurse
- 1 lingurita coaja de lamaie
- Sare si piper alb dupa gust
- Coji de porumb pentru ambalare

INSTRUCȚIUNI:

a) Se amestecă masa harina cu bulion și untul înmuiat pentru a forma un aluat.
b) Încorporați somonul fiert, mărarul, caperele, coaja de lămâie, sare și piper alb.
c) Întindeți amestecul pe cojile de porumb și îndoiți-l în tamale.
d) Se fierbe la abur timp de 1-1,5 ore.

CHURROS

77. Churros prajiti de baza

INGREDIENTE:
- 1 cană apă
- 2 ½ linguri de zahăr granulat
- ½ lingurita sare
- 2 linguri ulei vegetal
- 1 cană făină universală
- 2 litri de ulei pentru prajit
- ½ cană zahăr granulat (ajustați după gust)
- 1 lingurita scortisoara macinata

INSTRUCȚIUNI:
a) Într-o cratiță mică, la foc mediu, combinați apa, 2 ½ linguri de zahăr granulat, sare și 2 linguri de ulei vegetal.
b) Aduceți amestecul la fierbere și apoi luați-l de pe foc. Se amestecă făina până când amestecul formează o minge.
c) Încinge uleiul de prăjit într-o friteuză sau o oală adâncă la o temperatură de 375 grade F (190 grade C).
d) Transferați aluatul într-o pungă de patiserie rezistentă, echipată cu vârf mediu stea.
e) Introduceți cu grijă câteva fâșii de aluat de 5 până la 6 inci în uleiul fierbinte, lucrând în loturi pentru a evita supraaglomerarea friteuzei.
f) Prăjiți churros până devin maro auriu. Folosiți un păianjen sau o lingură cu fantă pentru a îndepărta churros-ul din ulei și așezați-le pe prosoape de hârtie pentru a se scurge.
g) Combinați ½ cană de zahăr granulat cu scorțișoară măcinată.
h) Rulați churros-ul scurs în amestecul de scorțișoară și zahăr.
i) Reglați cantitatea de zahăr după preferințele dvs.

78.Churros de bază la cuptor

INGREDIENTE:

- 1 cană (8 oz/225 g) apă
- ½ cană (113 g) unt
- ½ linguriță extract de vanilie
- 2 linguri de zahar
- ¼ lingurita sare
- 143 g făină simplă/ făină universală
- 3 oua (la temperatura camerei)

INSTRUCȚIUNI:

a) Preîncălziți cuptorul la 400°F (200°C). Hârtie de pergament de linie; pus deoparte.
b) Într-o cratiță medie, adăugați apă, zahăr, sare și unt.
c) Se pune la foc mediu-mare.
d) Se încălzește pana când untul se topește și amestecul începe să fiarbă.
e) Imediat ce fierbe, se amestecă făina.
f) Bateți până când nu sunt cocoloașe de făină și s-a format o minge de aluat.
g) Acum, folosind o lingură de lemn, doriți să amestecați aluatul în jurul oalei și să-l gătiți aproximativ un minut la foc MIC.
h) Amestecul se va aglomera și se va îndepărta de pe părți
i) Folosind lingura de lemn, încorporează puțin din amestecul de ouă în aluat. Se amestecă și se zdrobește, rupând aluatul până se slăbește. Se amestecă bine până se încorporează ouăle și amestecul are aspectul de piure de cartofi.
j) Continuați să adăugați ouăle până când se combină
k) Faceți acest lucru punând presiune pe pungă și tăiați încet folosind foarfecele.
l) Lăsați aproximativ 2 inci spațiu între churros.
m) Coaceți aproximativ 18-22 de minute sau până când se rumenesc.
n) APOI opriți cuptorul și lăsați-le acolo timp de 10 minute să se usuce puțin. Acest pas îi ajută să-și păstreze forma și să nu devină plat odată ce s-au răcit.
o) Fă-o doar un minut :), apoi ia-l de pe foc și pune-l deoparte.
p) Într-un ulcior, combinați ouăle și vanilia și amestecați împreună.

q) Transferați aluatul într-o pungă prevăzută cu o duză stea.
r) Pune aluatul în churros lungi pe tigăile acoperite cu pergament. Asigurați-vă că le dați țevi frumos și groase.
s) Combinați zahărul, scorțișoara și sarea într-o pungă cu fermoar .
t) Luați churros direct din cuptor și aruncați-le în amestec până când sunt bine acoperite. Cel mai bine este să faceți acest lucru când churros sunt calde și proaspete de la cuptor.
u) Bucurați-vă de churros de casă.

79.Churros cu scorțișoară

INGREDIENTE:
- ¼ cană unt
- 1 cană zahăr
- 1 lingura zahar
- ½ cană făină de porumb alb
- ½ cană de făină
- 3 ouă mari
- 2 lingurite scortisoara

INSTRUCȚIUNI:

a) Într-o cratiță medie, încălziți untul cu 1 lingură de zahăr, ½ linguriță de sare și 1 cană de apă până la fiert. scoateți tigaia de pe foc; adăugați imediat făina de porumb și făina dintr-o dată. la foc mic,

b) Gatiti amestecul, amestecand constant, pana cand aluatul formeaza o bila, aproximativ 1 minut. se bat ouale, pe rand, batand energic dupa fiecare adaugare pana aluatul este omogen. tapetați foaia de copt cu prosoape de hârtie.

c) Într-o pungă de hârtie sau un castron mare, amestecați zahărul rămas cu scorțișoară. într- o tigaie adâncă sau un cuptor olandez, încălziți 3 inci de ulei de salată la 375 de grade f. puneți aluatul într-o pungă de patiserie prevăzută cu un vârf cu numărul 6. introduceți 5" lungimi de aluat în uleiul fierbinte.

d) Se prăjește până se rumenește pe ambele părți, aproximativ 1½ minute pe fiecare parte. cu o lingura cu fanta scoateti churros din ulei si asezati-le pe o tava de copt. cât încă fierbinte, puneți într-o pungă și acoperiți cu amestecul de scorțișoară și zahăr. servi imediat.

80. Churros cu cinci condimente

INGREDIENTE:
- Ulei vegetal (pentru prăjire)
- ½ cană + 2 linguri zahăr
- ¾ lingurita de scortisoara macinata
- ¾ linguriță pudră cu cinci condimente
- 1 baton (8 linguri) unt nesarat (taiat bucati)
- ¼ lingurita sare
- 1 cană făină universală
- 3 ouă mari

INSTRUCȚIUNI:

a) Umpleți o oală mare și grea cu 2 inci de ulei vegetal și încălziți-o la 350 de grade F folosind un termometru pentru prăjire. Pregătiți o pungă de patiserie cu vârf mare stea și puneți în apropiere o farfurie tapetată cu prosoape de hârtie.

b) Pe o farfurie mare, combinați ½ cană de zahăr, scorțișoară măcinată și pudră de cinci condimente.

c) Într-o cratiță medie, combinați untul, sarea, restul de 2 linguri de zahăr și 1 cană de apă. Aduceți acest amestec la fierbere la foc mediu. Dupa ce da in clocot adaugam faina si amestecam energic cu o lingura de lemn pana cand amestecul formeaza o bila. Se ia de pe foc si se adauga ouale pe rand, amestecand energic dupa fiecare adaugare. Turnați aluatul rezultat în punga de patiserie pregătită.

d) Lucrând în loturi, introduceți aluatul de aproximativ 5 inci în uleiul fierbinte, tăind capetele libere din punga cu ajutorul unui cuțit de tăiat. Asigurați-vă că nu supraaglomerați oala. Prăjiți până când churros sunt maro auriu, ceea ce ar trebui să dureze aproximativ 6 minute.

e) Transferați-le pe farfuria căptușită pentru a se scurge scurt, apoi transferați-le pe farfuria cu amestecul de zahăr cu cinci condimente și ungeți-le uniform.

f) Serviți-vă imediat churros cu cinci condimente. Bucurați-vă!

81. Churros picant din porumb

INGREDIENTE:
PENTRU SALSA ȘI QUESO:
- 6 cascabele uscate ardei iute , tulpina și semințele îndepărtate
- 4 roșii mari, fără miez
- 2 ardei iute Fresno, cu tulpină
- ¾ ceapă albă, decojită, tăiată felii
- 2 catei de usturoi, curatati de coaja
- 2 linguri suc proaspăt de lămâie
- Sare cușer
- 3 linguri de unt nesarat
- 2 linguri de făină universală
- 1 ½ cană de lapte (sau mai mult)
- ½ kilogram de brânză Monterey Jack, rasă
- ½ kilogram de brânză cheddar, rasă (tânăr mediu sau ascuțit)

PENTRU CHURROS:
- 1 lingură pudră de chili
- 2/3 cană lapte
- 6 linguri de unt nesarat
- ½ linguriță de chimen măcinat
- ½ cană făină universală
- ½ cană făină de porumb
- 3 ouă mari
- Ulei vegetal (pentru prăjit, aproximativ 12 căni)

INSTRUCȚIUNI:
a) Preîncălziți cuptorul la 350°F. Prăjiți cascabel ardei iute până când este parfumat și ușor rumenit aproximativ 5 minute. Scoateți ardeiul ardei de pe tava de copt și lăsați-i să se răcească.

b) Creșteți temperatura cuptorului la 450°F. Prăjiți roșiile, ardeiul iute Fresno și ceapa pe o tavă de copt cu ramă până când pielea se rumenește și începe să se despartă de pulpă, 30-35 de minute. Transferați-le într-un blender și adăugați usturoi, suc de lămâie și 2 lingurițe de sare; amestecați până la omogenizare. Adăugați cascabel prăjit ardei iute si amestecati pana se toaca grosier. Lăsați-l să stea la temperatura camerei până când este gata de servire.

c) Într-o cratiță medie, topește untul la foc mediu. Se amestecă făina și se fierbe până se incorporează aproximativ 1 minut. Bateți laptele și continuați să gătiți până când amestecul ajunge la fierbere și se îngroașă aproximativ 4 minute. Reduceți focul la mic, adăugați treptat ambele brânzeturi și gătiți, amestecând constant, până când brânza este complet topită și queso- ul este omogen. Daca vi se pare prea gros, mai adaugati putin lapte. Păstrați queso-ul cald până când este gata de servire.
d) Pune o pungă de patiserie cu vârf stea. Bateți praful de chili și 1 lingură de sare într-un castron mic; pune-l deoparte.
e) Într-o cratiță medie la foc mediu-mare, aduceți laptele, untul, chimenul, 1¼ linguriță de sare și ½ cană de apă la fiert.
f) Folosind o lingură de lemn, adăugați făina și mălaiul deodată și amestecați energic până când aluatul se îmbină, aproximativ 30 de secunde.
g) Lăsați-o să stea în tigaie timp de 10 minute pentru a hidrata făina de porumb. Transferați amestecul în bolul unui mixer cu stand sau într-un castron mare.
h) Folosind un mixer cu suport dotat cu accesoriul cu paletă la viteză medie-mică, adăugați ouăle în aluat, pe rând, având grijă să încorporați fiecare ou înainte de a adăuga următorul (alternativ, amestecați energic cu o lingură de lemn). Aluatul va părea rupt la început; continuați să bateți, răzuind bolul din când în când, până când aluatul este neted, lucios și oarecum elastic (scoateți o bucată mică de aluat și întindeți-o - nu ar trebui să se rupă). Turnați aluatul în punga de patiserie pregătită.
i) Se toarnă ulei într-o oală mare pentru a ajunge la jumătatea părților laterale. Puneți oala cu un termometru și încălziți-o la foc mediu-mare până când termometrul înregistrează 350°F. Țineți punga într-un unghi, astfel încât vârful să fie la câțiva centimetri deasupra suprafeței uleiului, stoarceți aluatul, mișcând punga pe măsură ce stoarceți, astfel încât aluatul să fie introdus într-o lungime de 6 inchi în ulei. Folosind un cuțit de toaletă, taiati aluatul la varf pentru a-l elibera in ulei. Repetati procesul pentru a mai face 4 lungimi de aluat.

j) Se prăjesc churros, întorcându-le o dată și ajustând focul după cum este necesar pentru a menține temperatura uleiului, până devin maronii pe toate părțile, 2-3 minute pe fiecare parte. Transferați-le într-o tavă de copt tapetată cu un prosop de hârtie. Repetați cu aluatul rămas.

k) Stropiți churros cald cu amestecul rezervat de sare iute. Puneți salsa peste queso cald și amestecați pentru a o combina; serviți cu churros calde. Bucurați-vă!

82.Churros de ciocolată

INGREDIENTE:
- 1 cană apă
- 2 linguri de zahar
- ½ lingurita sare
- 2 linguri ulei vegetal
- 1 cană făină universală
- Ulei vegetal pentru prajit
- ¼ cană zahăr pudră (pentru pudrat)
- ½ cană chipsuri de ciocolată
- ¼ cană smântână groasă

INSTRUCȚIUNI:

a) Într-o cratiță, amestecați apa, zahărul, sarea și uleiul vegetal. Aduceți amestecul la fierbere.
b) Se ia cratita de pe foc si se adauga faina. Se amestecă până când amestecul formează o minge de aluat.
c) Încinge ulei vegetal într-o tigaie adâncă sau o oală la foc mediu.
d) Transferați aluatul într-o pungă prevăzută cu vârf stea.
e) Introduceți aluatul în uleiul fierbinte, tăindu-l în lungimi de 4-6 inci cu un cuțit sau foarfece.
f) Se prăjește până se rumenește pe toate părțile, întorcându-le din când în când.
g) Scoateți churros din ulei și scurgeți-l pe un prosop de hârtie.
h) Pudrați churros cu zahăr pudră.
i) Într-un castron sigur pentru cuptorul cu microunde, combinați fulgii de ciocolată și smântâna groasă. Puneți la microunde la intervale de 30 de secunde, amestecând între ele până la omogenizare.
j) Serviți churros cu sosul de ciocolată pentru înmuiere.

83.Churros umplut cu caramel

INGREDIENTE:
- 1 cană apă
- 2 linguri de zahar
- ½ lingurita sare
- 2 linguri ulei vegetal
- 1 cană făină universală
- Ulei vegetal pentru prajit
- ¼ cană zahăr (pentru acoperire)
- 1 lingurita de scortisoara macinata (pentru acoperire)
- Sos caramel preparat

INSTRUCȚIUNI:
a) Într-o cratiță, amestecați apa, zahărul, sarea și uleiul vegetal. Aduceți amestecul la fierbere.
b) Se ia cratita de pe foc si se adauga faina. Se amestecă până când amestecul formează o minge de aluat.
c) Încinge ulei vegetal într-o tigaie adâncă sau o oală la foc mediu.
d) Transferați aluatul într-o pungă prevăzută cu vârf stea.
e) Introduceți aluatul în uleiul fierbinte, tăindu-l în lungimi de 4-6 inci cu un cuțit sau foarfece.
f) Se prăjește până se rumenește pe toate părțile, întorcându-le din când în când.
g) Scoateți churros din ulei și scurgeți-l pe un prosop de hârtie.
h) Într-un castron separat, amestecați zahărul și scorțișoara. Rulați churros în amestecul de zahăr cu scorțișoară până se îmbracă.
i) Folosind o seringă sau o pungă de patiserie, umpleți churros cu sos de caramel preparat.
j) Servește churros-ul umplut cu caramel cald.

84. Dulce De Leche Churros

INGREDIENTE:
- 1 cană apă
- 2 linguri de zahar
- ½ lingurita sare
- 2 linguri ulei vegetal
- 1 cană făină universală
- Ulei vegetal pentru prajit
- ¼ cană zahăr (pentru acoperire)
- 1 lingurita de scortisoara macinata (pentru acoperire)
- Dulce de leche preparat

INSTRUCȚIUNI:
a) Într-o cratiță, amestecați apa, zahărul, sarea și uleiul vegetal. Aduceți amestecul la fierbere.
b) Se ia cratita de pe foc si se adauga faina. Se amestecă până când amestecul formează o minge de aluat.
c) Încinge ulei vegetal într-o tigaie adâncă sau o oală la foc mediu.
d) Transferați aluatul într-o pungă prevăzută cu vârf stea.
e) Introduceți aluatul în uleiul fierbinte, tăindu-l în lungimi de 4-6 inci cu un cuțit sau foarfece.
f) Se prăjește până se rumenește pe toate părțile, întorcându-le din când în când.
g) Scoateți churros din ulei și scurgeți-l pe un prosop de hârtie.
h) Într-un castron separat, amestecați zahărul și scorțișoara. Rulați churros în amestecul de zahăr cu scorțișoară până se îmbracă.
i) Serviți churros cu dulce de leche preparat pentru înmuiere.

TARTĂ CU FRUCTE

85. Flan de ciocolată

INGREDIENTE:
- 1 cană zahăr
- 4 ouă
- 2 cani de lapte
- ½ cană smântână groasă
- 1 lingurita extract de vanilie
- 4 uncii de ciocolată amăruie, tocată

INSTRUCȚIUNI:
a) Preîncălziți cuptorul la 350°F.
b) Într-o cratiță mică, topește zahărul la foc mediu până se transformă într-un caramel auriu.
c) Turnați caramelul într-o tavă rotundă de 9 inci pentru tort, rotind tava pentru a acoperi fundul și părțile laterale.
d) Într-un castron mare, amestecați ouăle, laptele, smântâna, extractul de vanilie și ciocolata tocată până se omogenizează.
e) Turnați amestecul de ouă în tava de tort și puneți tava într-o tavă mai mare umplută cu apă fierbinte, creând o baie de apă.
f) Coaceți timp de 50-60 de minute sau până când flanul este întărit, dar încă ușor zvâcnește în centru.
g) Scoateți vasul din baia de apă și lăsați-o să se răcească la temperatura camerei.
h) Acoperiți și lăsați la frigider pentru cel puțin 2 ore sau peste noapte.
i) Pentru a servi, treceți un cuțit pe marginea tigaii și răsturnați flanul pe un platou de servire.

86.Flan de Caramel Baileys Vanilla

INGREDIENTE:

- ¾ cană zahăr
- ¼ cană apă
- Cutie de 14 uncii lapte condensat
- Cutie de lapte evaporat de 12 uncii
- 3 ouă mari
- ½ cană Baileys
- ½ lingură extract de vanilie
- vârf de cuțit de sare

INSTRUCȚIUNI:

a) Preîncălziți cuptorul la 350F.
b) Faceți un sirop de zahăr brun auriu gătind zahărul și apa într-o cratiță mică. Pregătește-ți tigaia pentru flan!
c) Învârtiți caramelul de zahăr fierbinte în jurul tavii, acoperind bine părțile și fundul. Pus deoparte.
d) Se amestecă împreună laptele condensat, laptele evaporat, ouăle, Baileys, extractul de vanilie și sarea.
e) Se toarnă în tava și se coace pe baie de apă pentru aproximativ 1 oră, până când nu se zgâlțâie în centru.
f) Lăsați să stea peste noapte și pentru a se demulta, puneți tigaia în apă caldă pentru a slăbi caramelul. Întoarceți rapid pe o farfurie și serviți rece.

87. Flan de horchata picant

INGREDIENTE:
- ¾ cană zahăr granulat
- Sare cuşer
- ½ lingurita de scortisoara macinata
- ⅛ lingurita de cayenne (sau mai mult, in functie de cat de multa caldura iti place)
- 10 gălbenuşuri organice ale lui Pete şi Gerry
- 6 uncii concentrat de horchata
- 2 cutii (12 uncii) de lapte evaporat

INSTRUCȚIUNI:

a) Încinge cuptorul la 350°F. Combinați 3 linguri de apă, zahăr și un praf de sare într-o cratiță mică la foc mediu-mare. Fără a amesteca, topește zahărul până se dizolvă complet, aproximativ 5 minute.

b) Odată ce zahărul s-a topit , dați focul la mediu-mic și continuați să gătiți până când capătă o culoare chihlimbar, răsturnând ușor tigaia din când în când, timp de 15 până la 18 minute. Ajustați căldura la minim, dacă este necesar.

c) De îndată ce caramelul ajunge la o culoare închisă de chihlimbar, reduceți focul, adăugați scorțișoara și cayena măcinate și agitați puternic tigaia pentru a se combina. Apoi turnați imediat caramelul într-o tavă de tort de 8 inci sau împărțiți uniform între ramekins. Lăsați caramelul să se răcească complet.

d) În timp ce caramelul se răcește, într-un castron mare, combinați gălbenușurile de ou, concentratul de horchata și laptele evaporat. Bateți foarte ușor cu mișcări circulare. Cu cât bateți mai tare, cu atât se vor forma mai multe bule în cremă, lăsând bule în produsul finit.

e) Turnați ușor amestecul printr-o sită cu plasă într-o cană de măsurare. Ar trebui să aveți aproximativ 4 căni de amestec. Lăsați amestecul să stea pentru a se depune orice bule care s-au format . Turnați amestecul în tava de tort sau împărțiți amestecul uniform în ramekins.

f) Puneți tava cu flan într-o tavă, apoi puneți tava la cuptor. Adăugați apă fiartă în tigaie, astfel încât să înconjoare tava cu aproximativ 1 inch de apă. Coaceți flanul până când este ferm pe margini și încă clătinat în centru, 40 până la 45 de minute.

g) Scoateți tava din baia de apă și lăsați să se răcească până la temperatura camerei. Se transferă la frigider și se lasă să se lase, aproximativ 4 ore. Când este gata de servire, scoateți flanul din frigider și lăsați să stea 10 minute. Treceți un cuțit pe margini și puneți deasupra un platou de servire cu susul în jos. Întoarceți flanul pe platou, răzuind orice caramel liber.

88.Flan de ienibahar

INGREDIENTE:
- 1 cană zahăr granulat
- 6 ouă mari
- 1 cutie (14 uncii) lapte condensat îndulcit
- 2 cani de lapte integral
- 1 lingurita extract de vanilie
- 1 linguriță de ienibahar măcinat

INSTRUCȚIUNI:
a) Preîncălziți cuptorul la 350°F.
b) Încinge zahărul într-o cratiță mică la foc mediu, amestecând continuu până se topește și devine maro auriu.
c) Turnați caramelul într-o tavă rotundă de 9 inci pentru tort și învârtiți-l pentru a acoperi fundul și părțile laterale ale tăvii.
d) Într-un castron mare, amestecați ouăle, laptele condensat, laptele integral, extractul de vanilie și ienibaharul măcinat până se combină bine.
e) Se toarnă amestecul în tava pregătită.
f) Așezați tava într-o tavă mare și turnați suficientă apă fierbinte în tava pentru a ajunge la jumătatea părților laterale ale formei de prăjitură.
g) Coaceți aproximativ 50-55 de minute, sau până când flanul este întărit, dar încă zgâiat în centru.
h) Scoateți tava de tort din baia de apă și lăsați-o să se răcească la temperatura camerei.
i) Odată ce s-a răcit, răsturnați flanul într-un vas de servire și ornat cu un strop de ienibahar măcinat.

TRES LECHES CAKE

89.Prajitura Tres Leches cu fructe ale pasiunii

INGREDIENTE:
Pentru tort:
- 12 linguri (170 g) unt nesarat, la temperatura camerei
- 1 ½ cană (297 g) zahăr granulat
- 7 ouă mari (397 g).
- 1 ½ linguriță (7 g) extract de vanilie
- 2 ¼ cani (271 g) de făină universală
- 1 ½ linguriță (6 g) praf de copt
- ¾ linguriță (3 g) sare de mare fină

ÎMBIERERE:
- ¾ cană (185 g) suc de fructul pasiunii (se recomandă marca Goya)
- ½ cană (112 g) lapte integral
- O cutie (14 uncii) de lapte condensat îndulcit
- O cutie (12 uncii) de lapte evaporat
- Frisca usor indulcita, pentru finisare
- Pulpa de fructul pasiunii, pentru finisare

INSTRUCȚIUNI:

a) Preîncălziți cuptorul la 350°F. Ungeți ușor o tavă de 9x13 cu spray antiaderent.
b) In vasul unui mixer electric prevazut cu atasamentul cu paleta, crema untul si zaharul pana devine usor si pufos, 4-5 minute.
c) Adăugați ouăle pe rând și amestecați bine pentru a se combina. Se adauga vanilia si se amesteca pentru a se incorpora.
d) Într-un castron mediu, amestecați făina, praful de copt și sarea pentru a se combina. Adăugați amestecul în mixer și amestecați până când se încorporează. Răzuiți bine pentru a vă asigura că aluatul este omogenizat .
e) Se toarnă amestecul în tava pregătită. Coaceți până când o scobitoare introdusă în centru iese curată, 38-40 de minute. Lasati sa se raceasca complet.
f) Înțepați tortul peste tot cu o frigărui de lemn. Se toarnă sucul de fructul pasiunii uniform peste toată prăjitura. Într-un recipient mare cu gura de turnare, amestecați laptele, laptele condensat îndulcit și laptele evaporat pentru a se combina.
g) Turnați ușor amestecul peste tot prăjitura, lăsându-l să se înmoaie prin găuri. Dacă se formează ceva lichid la suprafață, puneți-l înapoi peste tort până se absoarbe (lăsați-l să stea aproximativ 30 de minute).
h) Terminați tortul cu frișcă și pulpă proaspătă de fructul pasiunii. Serviți imediat sau dați la frigider până la 5 ore înainte de servire.

90.Tort Guava Tres Leches

INGREDIENTE:
Pentru tort:
- 1 ¾ cană de făină
- 1 lingurita praf de copt
- ¼ lingurita sare
- 6 oua, se separa galbenusurile de albusuri
- ½ cană unt nesărat, la temperatura camerei
- 1 cană de zahăr granulat alb
- ½ cană lapte integral
- 2 lingurite extract de vanilie

PENTRU GLAZUL TRES LECHES:
- 14 uncii de lapte condensat îndulcit
- 12 uncii de lapte evaporat
- 12 uncii lapte integral (se poate adăuga mai mult după gust)

PENTRU FRÂSNICA ȘI GUAVA:
- 2 căni de smântână groasă
- 3 linguri de zahar granulat alb
- 1 lingurita extract de vanilie
- ½ cană marmeladă de guava (se poate adăuga mai mult după gust)

INSTRUCȚIUNI:
FACEȚI tortul:
a) Într-un castron, amestecați făina, praful de copt și sarea. Pus deoparte.
b) Separam ouale, asezand albusurile intr-un bol curat.
c) Într-un mixer cu stand, combinați untul și zahărul. Se amestecă până devine cremoasă (aproximativ 3-5 minute).
d) Adăugați pe rând gălbenușurile de ou, amestecând după fiecare adăugare.
e) Se amestecă extractul de vanilie și ½ cană de lapte.
f) Preîncălziți cuptorul la 350 de grade F.
g) Adăugați treptat amestecul de făină la ingredientele umede, răzuind părțile laterale ale vasului după cum este necesar.
h) Transferați aluatul într-un bol separat.
i) Într-un castron curat, bate albușurile până se formează vârfuri tari.
j) Îndoiți albușurile bătute spumă în aluatul de tort.

k) Ungeți o tavă de copt de 9x13 și turnați aluatul.
l) Coaceți la 350 de grade F timp de 25-30 de minute sau până când o scobitoare iese uscată.
m) Scoateți tortul din cuptor și faceți găuri în el cu o furculiță.
n) Într-un castron, amestecați laptele condensat îndulcit, laptele evaporat și laptele integral. Se toarnă glazura peste tort câte ½ cană, repetând de 2-3 ori.
o) Acoperiți cu frișcă și marmeladă de guava. Învârtiți marmelada de guava în frișcă.
p) Dați la frigider cel puțin 4 ore sau peste noapte înainte de servire.

TOPPING cu frisca:
q) Într-un mixer cu stand, adăugați smântână groasă, zahăr și extract de vanilie.
r) Se amestecă la viteză mare până se formează vârfuri tari și seamănă cu frișca. Nu amestecați în exces.
s) Acoperiți prăjitura răcită complet cu frișcă și mămălițe de marmeladă de guava. Bucurați-vă!

91.Baileys Tres Tort Leches

INGREDIENTE:
Pentru tort:
- 1 ½ cani (6,75 uncii sau 191 grame) de făină universală
- 1 ½ linguriță de praf de copt
- ½ lingurita sare kosher
- ½ cană (4 uncii sau 113 grame) lapte integral
- 1 ½ linguriță extract pur de vanilie
- 6 oua mari, separate in albusuri si galbenusuri
- 1 cană (7 uncii sau 198 grame) zahăr granulat

PENTRU BAILEYS TRES LECHES SOAK:
- 1 cutie (14 uncii) de lapte condensat îndulcit
- 1 cutie de lapte evaporat (12 uncii).
- ½ cană (4 uncii sau 113 grame) Baileys Irish Cream

PENTRU SMANTA:
- 1 ½ cană (12 uncii sau 340 de grame) de smântână rece
- ¼ cană (1 uncie sau 28 de grame) de zahăr de cofetă, cernut dacă este necesar
- Pudră de cacao, pentru decor
- Pudră espresso, pentru garnitură

INSTRUCȚIUNI:
PENTRU TORTUL BAILEYS TRES LECHES:
a) Preîncălziți cuptorul la 350 ° F și pulverizați generos o tavă de tort de 9 x 13 inci cu spray de gătit.
b) Se amestecă făina, praful de copt și sarea într-un castron mic. Într-un recipient separat, amestecați laptele și vanilia.
c) Intr-un mixer cu stand, bate albusurile spuma pana se formeaza varfuri tari. Într-un alt castron, bateți gălbenușurile și zahărul până când sunt galbene palide. Adăugați încet ingredientele umede și adăugați ingredientele uscate și albușurile.
d) Turnați aluatul în tava pregătită și coaceți timp de 18 până la 20 de minute. Se răcește complet pe un grătar.

PENTRU ÎMBIERERE:
e) Odată ce prăjitura s-a răcit, faceți găuri deasupra cu o furculiță. Într-o cană de măsurare, amestecați împreună laptele condensat îndulcit, laptele evaporat și Baileys. Se toarnă încet peste prăjitură,

lăsând lichidul să se înmoaie. Dați la frigider pentru 3 până la 4 ore sau peste noapte.

PENTRU smântână:
f) Într-un mixer, combinați smântâna rece și zahărul de cofetarie. Bateți până se formează vârfuri moi.

MONTARE PENTRU SERVIRE:
g) Întindeți frișca peste tort folosind o spatulă offset.
h) Se ornează cu pudră de cacao și pudră espresso.

92.Tres rusesc alb Leches

INGREDIENTE:

Pentru tort:
- 1 ¾ cană de făină de prăjitură
- 2 lingurite praf de copt
- 4 ouă, separate
- 1 ½ cană de zahăr granulat
- ¼ lingurita sare
- 2 lingurite extract de vanilie
- ½ cană lapte integral

PENTRU SOS:
- 1 cutie de lapte condensat (14 uncii).
- 1 (12 uncii) cutie de lapte evaporat
- ½ cană lapte integral
- ⅓ cană de vodcă
- ⅓ ceașcă de lichior de cafea (cum ar fi Kahlua)
- ⅓ cană de smântână irlandeză (cum ar fi Bailey's)

PENTRU TOPING:
- 2 căni de smântână groasă
- 1 ½ linguriță zahăr granulat
- 2 lingurite extract de vanilie
- Pudră de cacao neîndulcită pentru praf (opțional)

INSTRUCȚIUNI:

a) Preîncălziți cuptorul la 350°F (177°C, marcajul 4).
b) Cerne împreună făina de prăjitură, praful de copt și sarea. Pus deoparte.
c) Într-un mixer pe suport cu accesoriul pentru tel sau într-un castron mare cu un mixer manual, bate albușurile spumă la viteză medie până seamănă cu o baie cu spumă. Adăugați 1 ½ cană de zahăr și bateți la viteză mare până se formează vârfuri tari.
d) Se bate încet gălbenușurile de ou pe rând. Adăugați jumătate din ingredientele uscate, jumătate din lapte și extract de vanilie, restul ingredientelor uscate și laptele rămas. Se amestecă până se combină, apoi se toarnă într-o tavă de copt de 9x13".
e) Coacem 30-35 de minute pana cand un tester introdus in centru iese curat.

f) Amestecă ingredientele pentru sos într-un bol până se omogenizează. În timp ce prăjitura este încă caldă, folosiți o frigărui pentru a face găuri în jurul blatului și turnați uniform sosul peste tort.
g) Dă prăjitura la frigider pentru cel puțin 2 ore sau peste noapte dacă este făcută în avans.
h) Pentru topping, bateți smântâna groasă și zahărul la viteză mare până se formează vârfuri tari. Se amestecă vanilia.
i) Peste tort se toarnă sau se întinde frișca și se pudrează cu pudră de cacao neîndulcită, dacă se dorește.
j) Serviți și bucurați-vă!

93. Peach Bourbon Tres Leches

INGREDIENTE:
Pentru tort:
- 1 cană făină universală
- 1 ½ linguriță de praf de copt
- ¼ lingurita sare
- 5 oua, temperatura camerei
- 1 cană de zahăr, împărțit
- ⅓ cană lapte
- ½ linguriță extract de vanilie

PENTRU AMESTECUL DE LAPTE:
- 1 cutie (14 uncii) de lapte condensat îndulcit
- 1 cutie de lapte evaporat (12 uncii).
- ¾ cană smântână grea pentru friscă
- ¼ cană de bourbon
- ½ lingurita de scortisoara

PENTRU MONTARE:
- 4 până la 5 piersici, decojite dacă se dorește și feliate

TOPPING BITUIT:
- 2 ½ căni de smântână groasă
- ¼ cană zahăr

INSTRUCȚIUNI:
a) Preîncălziți cuptorul la 350 de grade. Ungeți cu unt o tigaie de 9X13 inci. Tapetați tava cu hârtie de copt și ungeți-o ușor cu unt.
b) Cerne împreună făina, praful de copt și sarea.
c) Într-un mixer electric, bateți gălbenușurile de ou cu ¾ de cană de zahăr la viteză medie până când sunt palide și cremoase (aproximativ 2 minute). Bateți laptele și vanilia.
d) Într-un bol de amestecare curat, bate albușurile pornind de la viteză mică și crescând la viteză mare până se formează vârfuri moi (aproximativ 2 până la 3 minute). Adăugați treptat ¼ de cană de zahăr, continuând să bateți până se formează vârfuri ferme.
e) Lucrând în treimi, adăugați ⅓ din amestecul de făină și apoi ⅓ din albușuri în amestecul de gălbenușuri folosind o spatulă de cauciuc. Repetați acest proces de încă 2 ori.

f) Turnați aluatul în tava pregătită și coaceți timp de 20 până la 25 de minute. Lăsați tortul să se răcească timp de 5 minute, apoi răsturnați-l pe un grătar de răcire, îndepărtați hârtia de copt și lăsați-l să se răcească complet. Întoarceți tortul în tava de copt.

g) Într-un castron mediu, amestecați laptele condensat îndulcit, laptele evaporat, ¾ de cană de smântână pentru frișcă, bourbon și scorțișoară.

h) Înțepați tortul peste tot cu o furculiță și turnați încet amestecul de bourbon deasupra prăjiturii.

i) Acoperiți tortul cu folie de plastic și lăsați-l la frigider pentru cel puțin 4 ore sau peste noapte.

j) Acoperiți partea de sus a tortului cu felii de piersici, păstrând câteva felii pentru ornat.

k) Pentru a face toppingul batut, bateti smantana groasa cu un mixer electric la viteza medie. Pe măsură ce începe să se îngroașe, adăugați încet zahăr. Continuați să bateți până când ține vârfuri ferme. Întindeți-l deasupra tortului.

l) Se ornează cu felii de piersici rezervate.

m) Tres rece, cremos și bogat Tort Leches la următoarea adunare de vară!

94.Tort Margarita Tres Leches

INGREDIENTE:

- 4 ouă mari, separate
- 1 cană zahăr
- ½ cană de tequila
- ½ cană de unt topit
- 6 linguri suc de lime cheie, împărțit
- 1 lingurita extract de vanilie
- 1-¾ cani de făină universală
- 1 lingurita de bicarbonat de sodiu
- ½ lingurita sare
- ½ cană de zahăr de cofetă
- 1 lingurita crema de tartru
- 1 cutie (14 uncii) lapte condensat îndulcit
- 1 cană lapte 2%.
- ½ cană lapte evaporat
- ½ cană smântână grea pentru frișcă
- Opțional: frișcă, felii de lămâie și coajă

INSTRUCȚIUNI:

a) Puneți albușurile într-un castron mare; se lasa sa stea la temperatura camerei 30 de minute. Unge și făină un 13x9-in. tava de copt; pus deoparte. Preîncălziți cuptorul la 375°.

b) Bateți zahărul, tequila, untul topit, gălbenușurile, 3 linguri de suc de lămâie și vanilia până se omogenizează bine. Combinați făina, bicarbonatul de sodiu și sarea; bateți treptat amestecul de gălbenușuri până se omogenizează.

c) Adăugați zahărul de cofetă și crema de tartru în albușuri; se bat cu bătători curate până se formează vârfuri tari. Îndoiți în aluat. Transferați în tigaia pregătită.

d) Coacem pana cand o scobitoare introdusa in centru iese curata, 18-20 minute. Așezați tava pe un grătar. Cu o frigărui de lemn, faceți găuri în tort la aproximativ ½ inch una dintre ele.

e) Bateți laptele condensat, laptele 2%, laptele evaporat, smântâna pentru frișcă și sucul de lime rămas până se omogenizează. Stropiți peste tort; se lasa sa stea 30 de minute. Dati la frigider 2 ore inainte de servire.

f) Tăiați tortul în pătrate. Dacă doriți, ornați cu frișcă, felii de lămâie și coaja.

95. Dovleac Spice Tres Tort Leches

INGREDIENTE:
Pentru tort:
- 1½ cani de zahar alb granulat
- 15 uncii (1 cutie) piure de dovleac pur (nu folosiți umplutură de plăcintă cu dovleac)
- ¾ cană ulei vegetal sau canola
- 2 lingurite extract pur de vanilie
- 4 ouă mari
- 2 căni de făină universală
- 2 lingurite praf de copt
- 1 lingurita bicarbonat de sodiu
- ½ lingurita sare
- 2 lingurite scortisoara macinata
- 1½ linguriță de condiment pentru plăcintă de dovleac

PENTRU UMPLUREA TRES LECHES:
- ¾ cană smântână grea pentru frișcă
- 12 uncii lapte evaporat (o cutie)
- 14 uncii de lapte condensat îndulcit (o cutie)

PENTRU GLAZUL DE FRÂSNICĂ:
- 1¼ cani de frisca grea pentru frisca
- ¼ cană zahăr de cofetă
- Scorțișoară măcinată, pentru pudrat blatul (opțional)

INSTRUCȚIUNI:
a) Preîncălziți cuptorul la 350°F. Ungeți o tavă dreptunghiulară de metal ușor de 13x9 cu spray de gătit. Pus deoparte.

b) Într-un castron mare al unui mixer cu stand, combina zaharul granulat, piureul de dovleac, uleiul, ouăle și extractul de vanilie până când se combină. Într-un castron separat, amestecați făina, praful de copt, bicarbonatul de sodiu, sarea și condimentele. Adăugați treptat amestecul de făină la amestecul de dovleac, amestecând până la omogenizare. Se toarnă aluatul în tava pregătită și se netezește blatul.

c) Coacem 25-30 de minute sau pana cand o scobitoare introdusa in centru iese curata. Se lasa sa se raceasca 15 minute.

d) În timp ce prăjitura se răcește, amestecați într-un castron smântâna grea pentru frișcă, laptele evaporat și laptele condensat îndulcit. Pus deoparte.
e) Faceți găuri peste tot prăjitura caldă folosind o frigărui, un diblu sau mânerul unei linguri de lemn. Se toarnă amestecul de lapte uniform peste tort. Acoperiți și lăsați la frigider pentru 8 ore sau peste noapte.
f) Chiar înainte de servire, bateți smântâna grea pentru frișcă și zahărul de cofetă până când se formează vârfuri tari.
g) Peste tort se intinde frisca si se pudreaza cu scortisoara macinata daca se doreste.
h) Păstrați tortul la frigider, acoperit.

96. Scorțișoară Tres Tort Leches

INGREDIENTE:
Pentru tort:
- 1 cană făină universală
- 1 ½ linguriță de praf de copt
- ¼ lingurita sare
- 4 ouă mari
- 1 cană zahăr granulat
- ⅓ cană lapte integral
- 1 lingurita extract de vanilie

PENTRU AMESTECUL DE LAPTE:
- 1 cutie (14 uncii) lapte condensat îndulcit
- 1 cutie (12 uncii) lapte evaporat
- 1 cană lapte integral

PENTRU TOPING:
- 2 căni de smântână groasă
- 2 linguri de zahar pudra
- Scorțișoară măcinată pentru ornat

INSTRUCȚIUNI:

a) Preîncălziți cuptorul la 350 ° F (175 ° C) și ungeți o tavă de copt de 9 x 13 inci.
b) Într-un castron, cerne împreună făina, praful de copt și sarea.
c) Într-un castron separat, bateți ouăle și zahărul împreună până devin ușor și pufos. Adăugați laptele și extractul de vanilie și amestecați bine.
d) Adăugați treptat ingredientele uscate în amestecul de ouă și amestecați până la omogenizare.
e) Turnați aluatul în vasul de copt pregătit și coaceți aproximativ 30 de minute, sau până când o scobitoare introdusă în centru iese curată.
f) În timp ce prăjitura este încă caldă, străpungeți-l peste tot cu o furculiță.
g) Într-un castron separat, amestecați cele trei lapte (lapte condensat îndulcit, lapte evaporat și lapte integral).
h) Se toarnă amestecul de trei lapte uniform peste prăjitura caldă. Lăsați-l la macerat și răcit la temperatura camerei.
i) Într-un alt bol, bate smântâna tare cu zahăr pudră până se formează vârfuri tari.
j) Întindeți frișca peste partea de sus a prăjiturii.
k) Chill the Tres Prajitura Leches la frigider pentru cateva ore inainte de servire.
l) Stropiți cu scorțișoară măcinată chiar înainte de servire.

PLURI DE DESERT

97.Tabla de desert Cinco De Mayo Fiesta

INGREDIENTE:
- Churro Bites
- Tres Patratele de prajitura Leches
- Cupcakes Margarita
- Dulce de Leche -filled Conchas
- Felii de mango cu condimente chili lime
- Trufe de ciocolată mexicane
- Biscuiți cu zahăr piñata

INSTRUCȚIUNI:
a) Aranjați churro mușcături și tres pătrate de tort leches .
b) Puneți cupcakes margarita și conchas umplute cu dulce de leche .
c) Presarati felii de mango cu condimente chili lime.
d) Includeți trufe de ciocolată mexicane și biscuiți cu zahăr piñata.

98.Tabla de desert churro

INGREDIENTE:
- Churros de casă sau cumpărate din magazin
- Sos dulce de leche
- Sos de ciocolata
- zahăr de scorțișoară
- Fructe de padure proaspete (capsuni, zmeura, afine)
- Mango feliat
- Ananas felii
- Frisca
- Bomboane mexicane în miniatură (cum ar fi bomboane picante cu tamarind)
- Sos caramel (optional)

INSTRUCȚIUNI:
a) Aranjați churros în centrul unei mese mari de servire sau a unui platou.
b) Puneți boluri mici cu sos dulce de leche , sos de ciocolată și zahăr cu scorțișoară în jurul churros.
c) Aranjați fructe de pădure proaspete, mango feliat și ananas feliat în grupuri în jurul tablei.
d) Adăugați cuburi de friscă între ciorchinii de fructe.
e) Împrăștiați bomboane mexicane în miniatură în jurul tablei pentru un plus de culoare și aromă.
f) Opțional, picurați sos de caramel peste churros pentru un plus de dulceață.
g) Serviți masa de desert churro și bucurați-vă!

99.Tabla de desert Tres Leches

INGREDIENTE:
- Tres prajitura leches , taiata in patrate mici
- Frisca
- Căpșuni tăiate felii
- Kiwi felii
- Piersici feliate
- Banane feliate
- Fulgi de cocos prajiti
- Nuci tocate (cum ar fi migdale sau nuci pecan)
- Frunze de mentă proaspătă pentru decor
- dulce de leche (optional)

INSTRUCȚIUNI:
a) Aranjați trei pătrate de prăjitură leches în centrul unei mese mari de servire sau a unui platou.
b) Așezați cuburi de frișcă în jurul pătratelor de tort.
c) Aranjați felii de căpșuni, kiwi, piersici și banane în grupuri în jurul tablei.
d) Presarati fulgi de cocos prajiti si nuci tocate peste frisca si fructe.
e) Ornează cu frunze de mentă proaspătă pentru un strop de culoare.
f) Opțional, picurați sos dulce de leche peste tres pătrate de prăjitură leches pentru un plus de dulceață.
g) Serviți trei leches masă de desert și bucurați-vă!

100.Salata de fructe mexicana pentru desert

INGREDIENTE:
- Fructe proaspete asortate (cum ar fi pepene verde, pepene galben, miere, ananas, mango, jicama, castraveți)
- condimente Tajín
- felii de lime
- Sos Chamoy
- Bomboane cu tamarind
- Chips de cocos
- Paletas mexicane (popsicles) în diverse arome (cum ar fi mango, lime sau nucă de cocos)
- Frunze de mentă proaspătă pentru decor

INSTRUCȚIUNI:
a) Tăiați fructele proaspete asortate în bucăți mici și aranjați-le în grupuri colorate pe o masă mare de servire sau un platou.
b) Presărați condimentul Tajín peste fructe sau serviți-l într-un castron mic în lateral.
c) Puneți felii de lămâie în jurul tablei pentru a le stoarce peste fructe.
d) Stropiți cu sos de muscă peste o parte din fructe pentru o aromă acidulată și picant.
e) Împrăștiați bomboane de tamarind și chipsuri de nucă de cocos în jurul tablei pentru mai multă textură și aromă.
f) paletas mexicane (popsicles) în diferite arome pe tablă pentru un răsfăț răcoritor.
g) Decorați cu frunze de mentă proaspătă pentru o notă finală .
h) Serviți masa de desert cu salată de fructe mexicană și bucurați-vă de aromele vibrante ale tropicelor!

CONCLUZIE

Pe măsură ce ne încheiem călătoria noastră culinară prin lumea vibrantă și delicioasă a Cinco de Mayo, sper că această carte de bucate v-a oferit inspirație, bucurie și o apreciere mai profundă pentru bucătăria și cultura mexicană. De la sfârâit de tacos la dulceața tres leches, fiecare rețetă a fost realizată cu grijă pentru a aduce adevărata esență a Cinco de Mayo la masa ta.

Vreau să-ți exprim sincera recunoștință pentru că mi-ai fost alături în această aventură plină de gust. Entuziasmul și pasiunea ta pentru explorarea aromelor noi și celebrarea diverselor culturi au făcut această călătorie cu adevărat specială. Fie ca viitoarele tale sărbători Cinco de Mayo să fie pline de râsete, dragoste și experiențe culinare de neuitat.

Pe măsură ce continuați să explorați tapiseria bogată a bucătăriei mexicane, să vă bucurați să împărtășiți aceste mâncăruri delicioase cu cei dragi și să creați amintiri prețuite în jurul mesei. Fie că găzduiești întruniri festive, te răsfăț cu mese confortabile de familie sau pur și simplu te răsfățați cu un taco delicios sau o felie de tres tort leches, spiritul Cinco de Mayo să fie mereu cu tine.

Îți mulțumesc încă o dată pentru că mi-ai permis să fac parte din aventura ta culinară. Până ne întâlnim din nou, bucătăria ta să fie plină de aromele vibrante și ospitalitatea caldă a Mexicului. Viva Cinco de Mayo!

www.ingramcontent.com/pod-product-compliance
Lightning Source LLC
LaVergne TN
LVHW021659060526
838200LV00050B/2417